AF626378

Reclam Literaturunterricht

Sachanalysen. Stundenverläufe. Arbeitsblätter

Friedrich Schiller
Die Räuber

Von Viktoria Take-Walter

Reclam

Abkürzungen und Symbole

EA Einzelarbeit
PA Partnerarbeit
GA Gruppenarbeit
UG Unterrichtsgespräch
LV Lehrervortrag

* Kennzeichnung eines zusätzlichen Arbeitsauftrags, Arbeitsblatts bzw. Unterrichtsschritts (für Binnendifferenzierung)
HA Hausaufgabe

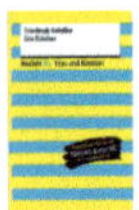

Verweis auf die zugehörige Ausgabe:
Friedrich Schiller: Die Räuber. Ein Schauspiel. Hrsg. von Uwe Jansen. Stuttgart 2021 [u. ö.].
(Reclam XL. Text und Kontext. 16115.)
Stellenangaben mit Seiten- und Zeilenzähler beziehen sich auf diese Ausgabe.

Code für editierbare Arbeitsblätter und Vorlagen

Alle für den Unterricht benötigten *Arbeitsblätter* und *Vorlagen* (Bilder und Texte) sind digital auf der Webseite **www.reclam.de/lehrer_raeuber** zum Download verfügbar. Bitte geben Sie folgenden Code ein:

DXZYnpwQ

FSC
www.fsc.org
MIX
Papier aus verantwortungsvollen Quellen
FSC® C016368

Reihenkonzept: Max Kämper

Reclam Literaturunterricht | Nr. 15823
2023 Philipp Reclam jun. Verlag GmbH,
Siemensstraße 32, 71254 Ditzingen
Druck und Bindung: Elanders GmbH,
Anton-Schmidt-Straße 15, 71332 Waiblingen
Printed in Germany 2023
RECLAM ist eine eingetragene Marke
der Philipp Reclam jun. GmbH & Co. KG, Stuttgart
ISBN 978-3-15-015823-4
www.reclam.de

Inhalt

Vorbemerkung

Die Räuber machen den jungen Schiller von einem Tag auf den anderen zum gefeierten Dramatiker. Im Januar 1782 am Mannheimer Nationaltheater uraufgeführt, wird das Schauspiel zu einem spektakulären Bühnenereignis, dessen Ausnahmestellung bereits in den überlieferten Augenzeugenberichten anklingt. Die berühmte Anekdote, dass sich Friedrich Schiller als junger Regimentsmedikus aus der Kadettenanstalt stehlen musste, um seinem Debut beizuwohnen, verbindet sich mit seiner späteren Flucht aus dem Württembergischen Herzogtum zu einer Biografik, die schnell dazu verleiten mag, den Autor mit den rebellischen Protagonisten seiner frühen Dramen zu amalgamieren. Dass Schiller in den *Räubern* vor allem viel Gespür für die politischen und gesellschaftlichen Ambivalenzen der Zeit beweist und das erstarkende Bewusstsein des Individuums von seinen Ambitionen und Fähigkeiten an verschiedenen Charakteren ausagiert, zeigt sich an den zwei gegensätzlichen Brüdern Karl und Franz von Moor auf eindrückliche Weise. Dabei veranschaulicht der junge Dramatiker nicht zuletzt die Widersprüche und Kippmomente eines Freiheitsideals, das in dem egoistischen Handeln und dem Recht des Stärkeren huldigenden Franz ebenso an die eigenen Grenzen stößt wie in dem exklusiven und auf Homologie gegründeten Gruppenverband der Räuber.

Benutzungshinweise

Der Band enthält zehn aufeinander aufbauende Unterrichtsstunden und zwei Klausuraufgaben mit Lösungsvorschlägen.

Jeder Entwurf einer Unterrichtsstunde besteht aus zwei Teilen:
- **Sachanalyse** mit einem praxisorientierten, auf den Unterrichtsverlauf bezogenen Interpretationsangebot
- **Unterrichtsverlauf** mit (a) kurzem Überblick über Thema und Ziel, (b) den Unterrichtsschritten in tabellarischer Übersicht und (c) ausführlichen Erläuterungen zu den einzelnen Unterrichtsschritten

Jede Unterrichtsstunde bietet alle für den Unterricht benötigten Materialien:
- kopierfähige **Arbeitsblätter** (ggf. mit Lösungshinweisen im Anhang)
- **Vorlagen** (Bilder oder Texte)
- **Tafelbilder** (Vorschläge für die mediale Präsentation)

Die Unterrichtsstunden enthalten an allen geeigneten Stellen Hinweise für
- einen möglichen **verkürzten Verlauf** (als fakultativ gekennzeichnete Unterrichtsschritte)
- eine mögliche **Binnendifferenzierung** (die entsprechenden Arbeitsaufträge auf erhöhtem Niveau sind mit einem Asterisk * gekennzeichnet)

Textgrundlage ist die Ausgabe:
Friedrich Schiller: Die Räuber. Ein Schauspiel. Hrsg. von Uwe Jansen. Stuttgart: Reclam, 2021 [u.ö.]. (Reclam XL. Text und Kontext. 16115.)

Hinweis: Die Reihe *Reclam Literaturunterricht* achtet auf gendergerechte Sprache. Aus Gründen der Lesbarkeit wird in seltenen Fällen davon abgewichen, immer sind aber alle Geschlechter gemeint.

1 »Herr muss ich sein« – Die Exposition des Dramas erfassen (I,1)

Sachanalyse

Wenn Schiller in der Vorrede zum Drama beteuert, das »Laster« werde »hier mitsamt seinem ganzen innern Räderwerk entfaltet« (4,1 f.), klingt darin die Bemühung an, seine Darstellung der *Räuber* vorab zu rechtfertigen und sich moralisch zu positionieren. Bekanntermaßen löste Schillers Dramenerstling bei seiner Uraufführung Ohnmachtsanfälle im Publikum aus; eine der meistzitierten Augenzeugenberichte beschreibt die Stimmung im Theater als »eine allgemeine Auflösung wie im Chaos, aus deßen Nebeln eine neue Schöpfung hervorbricht!«[1] Abgesehen von der Kritik an der Ordnung der Väter, die bis heute mit dem Drama verknüpft wird, stellte es seinerzeit auch deshalb eine Provokation dar, weil Handlung und Charaktere einen für die Zeit außergewöhnlichen Amoralismus in Szene setzten. Dieser wird zuallererst mit der Intrige Franz Moors exponiert.

Der Erste Akt setzt mit einem Dialog zwischen Franz und dem Alten Moor ein, in dem sich ein brisanter Familienkonflikt um die Nachfolge des Vaters abzeichnet. Anhand eines Briefs informiert Franz den Grafen über die Taten des erstgeborenen Bruders Karl, der sich fern des Moorischen Schlosses in Leipzig aufhält. In vagen Andeutungen der »Schande«, die Karl dem Namen der Familie angeblich bereitet, versetzt Franz den kränklichen Vater zunehmend in Spannung und Schrecken. Unter dem Vorwand, besorgt um seine Gesundheit zu sein, verliest Franz die brieflichen Zeilen eines Korrespondenten, die sich später als von ihm fingiert herausstellen. Darin heißt es, der Bruder habe »das Maß seiner Schande« nun »gefüllt« (12,33 f.), indem er eine reiche Bürgerstochter »allhier entjungfert und ihren Galan, einen braven Jungen von Stand, im Duell auf den Tod verwundet« (13,2–5) habe. Er sei nun mit »sieben andern, die er mit in sein Luderleben gezogen« habe, auf der Flucht, »dem Arm der Justiz zu entlaufen« (13,4–6). (Tragischerweise kann die letzte Behauptung durchaus als Vorausdeutung auf die weitere Handlung verstanden werden, da Karl später ja tatsächlich zum Hauptmann einer Bande von Gaunern wird, die auf der Flucht ist. Allerdings stellt er sich am Ende seiner Verantwortung und liefert sich der Justiz freiwillig aus.) Obwohl der alte Moor betroffen und entsetzt auf die Schilderungen reagiert, zögert er noch, Konsequenzen aus dem Schreiben zu ziehen. Dennoch gibt er zu, »sich in seinen Planen betrogen« (15,17) zu finden. In manipulatorischer Absicht rät ihm Franz eindringlich zum Verstoß des geliebten Sohnes. Zugleich bringt er sich rhetorisch geschickt als Ersatz für Karl in Stellung. Dabei gibt er zynisch die »Größe und Schönheit« (14,3) des Bruders zu bedenken, die ihn »dereinst zu einem warmen Freund eines Freundes, zu einem trefflichen Bürger, zu einem Helden, zu einem großen, großen Manne« (14,12–14) hätten machen sollen, sich bis dato aber in bloße »Frechheit« (13,17) verkehrt hätten. Andererseits macht er sich die Fremdzuschreibungen seiner selbst, des »kalte[n], hölzerne[n] Franz« (15,7), zu eigen. Damit beschämt er den Vater, der Karl bislang bevorzugt hatte, und nun darin einwilligt, Franz einen mahnenden Brief an den Bruder aufsetzen zu lassen. Während der alte Moor ihm allerdings eingibt, Karl »nicht zur Verzweiflung« (18,18) zu bringen, verfasst Franz eine Antwort, die den Verstoß des Bruders aus der Familie Moor beinhaltet.

Im abschließenden Monolog, welcher das Seelenleben der dramatischen Figur offenbart (18,24–21,22), gibt Franz seine egoistischen Interessen zu erkennen: »Glück zu, Franz! Weg ist das Schoßkind« (18,33 f.). Um die erbliche Nachfolge entgegen der Primogenitur (als dem sozialen Ordnungsmodell des Fürstenstaats) antreten zu können, plant er nicht nur die Beseitigung des Bruders, vielmehr zielt er darauf, durch psychisches Zusetzen »auch den Alten bald fort[zu]schaffen« (18,37). Die Usurpation der Rolle des Erstgeborenen schließt auch Amalia mit ein, die Karl von Kindheit an zugeneigt und versprochen ist.

Bemerkenswerterweise zeugt Franz' Monolog am Ende der Szene jedoch auch von dem Versuch, seine Motive zu rechtfertigen: »Ich habe große Rechte, über die Natur ungehalten zu sein, und bei meiner Ehre! ich will sie geltend machen.« (19,3 f.) Nicht nur klagt er die Logik der dynastischen Erbfolge an, nach der die Geburt über Macht und Besitz entscheidet, sondern auch die Natur, die ihm eine »Bürde von Hässlichkeit« (19,6 f.) aufgeladen habe. Von Geburt an dem Bruder nachgestellt, zweifelt Franz die auf der Natur basierende Nachfolgeordnung als Grundlage für die gesellschaftlichen Verhältnisse an; ebenso stellt er die moralischen Gebote der »Blutliebe« infrage. Für seine Herrschaftsambitionen macht er nun vielmehr jene sozialdarwinistischen Gesetze geltend, die er bereits an der Natur erkannt hat: »Jeder hat gleiches Recht zum Größten und Kleinsten, Anspruch wird an An-

1 Anton Pichler, *Chronik des Großherzoglichen Hof- und National-Theaters in Mannheim. Zur Feier seines hundertjährigen Bestehens am 7. Oktober 1879*, Mannheim 1879, S. 68.

spruch, Trieb an Trieb und Kraft an Kraft zernichtet. Das Recht wohnet beim Überwältiger, und die Schranken unserer Kraft sind unsere Gesetze.« (19,23–26) Damit ist nicht nur die Absage an die gesetzlichen Grundlagen eines friedlichen gesellschaftlichen Zusammenlebens verbunden, der »gemeinschaftliche[n] Pakta, die man geschlossen hat, die Pulse des Weltzirkels zu treiben« (19,27 f.). Franz offenbart vielmehr ein Denken, das sowohl sittlich-moralische Vorstellungen als auch den im Aufklärungsdenken begründeten Maßstab des »Gewissens« vollumfänglich ablehnt. So bietet seine im Ansatz nachvollziehbare Kritik am feudalen Herrschaftsmodell keine Alternative auf, sondern mündet vielmehr in gemeinen Verwünschungen des Bruders und den Plan, die Macht des Vaters zu usurpieren, um sich zum Tyrannen zu erheben: »Ich will alles um mich her ausrotten, was mich einschränkt, dass ich nicht H e r r bin. H e r r muss ich sein, dass ich das mit Gewalt ertrotze, wozu mir die Liebenswürdigkeit gebricht.« (21,19–22)

Unterrichtsverlauf

Überblick. Anhand des Covers der Erstausgabe von Schillers Drama werden die Schülerinnen und Schüler in die Lektüre und Wirkmächtigkeit des Textes eingeführt. Die durch den Titel *Die Räuber* angeregte Erwartungshaltung wird mit dem abgebildeten Frontispiz verglichen, dazu werden erste Informationen zum Entstehungszusammenhang des »Schauspiels« vermittelt. In der Textbegegnung lernen die Schülerinnen und Schüler eine der beiden Hauptfiguren (Franz Moor) kennen und entwickeln ein Verständnis für die komplexe Ausgangslage des Dramas – eine familiäre Intrige unter den Bedingungen des feudalen Fürstenstaats.

! **Verkürzter Verlauf: 1.1 – 1.2 – 1.4. – 1.5**

Phase	Thema	Sozialform	Kompetenzen und Lernziele	Materialien
Voraussetzungen: keine				
1.1	Einstiegsphase: Titelblatt der ersten Auflage (1781)	UG / LV	• Vorwissen aktualisieren • Bildbeschreibung und -deutung üben • Assoziationen und Erwartungen hinsichtlich der Lektüre formulieren	VORLAGE 1a ➤ S. 7
1.2	Textbegegnung: Exposition des Familienkonflikts (I,1)	UG	• Die Ausgangslage nachvollziehen: mithilfe erster Textinformationen einen Überblick herstellen • Einlesen in die Sprache des »Sturm-und-Drang«-Dramas • Die dialogische Form des Dramas erkennen • Die Bedeutung der Exposition für die Handlung verstehen	TAFELBILD 1 ➤ S. 9
1.3 **fakultativ**	Das Erstgeburtsrecht im frühmodernen Fürstenstaat	LV / UG	• Mithilfe von Sachinformationen einen kulturellen Referenzrahmen für die Rekonstruktion impliziter Bedeutungen heranziehen	ARBEITSBLATT 1a ➤ S. 12
1.4	Erschließung von Franz' Monolog	EA / UG	• Die Figurenmotivation von Franz Moor beschreiben • Die dramaturgischen Möglichkeiten eines Monologs bestimmen • Texterschließungstechniken erlernen	VORLAGE 1b ➤ S. 10
1.5	Erschließung der Fortsetzung des Monologs und Ergebnissicherung	PA / UG	• weitere Texterschließungstechniken anwenden • Gesammeltes Wissen über die Figur des Franz Moor vernetzen • Elemente einer ersten Charakterisierung skizzieren	ARBEITSBLATT 1b ➤ S. 13
HA	Lektüre des gesamten Ersten Akts			*Die Räuber*, Reclam XL, 13,8–37,17

1.1 Einstiegsphase: Titelblatt der ersten Auflage (1781)

UG / LV

Unterrichtsschritt. Mit dem Titelblatt der ersten Auflage von Schillers Drama (VORLAGE 1a ***Titelblatt der Erstausgabe 1781***, auch in der Ausgabe Reclam XL, S. 173) rufen die Schülerinnen und Schüler gegebenenfalls vorhandenes Vorwissen über die Epoche ab und formulieren ihre Assoziationen. Durch Hinweis auf die Druckorte und das Jahr wird die Lesegruppe dazu angeregt, Überlegungen zum historischen Kontext und zu den literarischen Produktionsbedingungen anzustellen. Diese werden durch Hintergrundinformationen im Lehrervortrag ergänzt.

VORLAGE 1a ➤ S. 7

Leitfragen:
- Beschreiben Sie das abgebildete Cover.
- Welchen Eindruck vermittelt das Bild und in welchem Zusammenhang sehen Sie es mit dem Titel *Die Räuber*?
- Erläutern Sie, welche Erwartungshaltung sich mit diesem Titelblatt an den Drameninhalt verbinden könnte.
- Welche Gründe könnte es für den doppelten Publikationsort »Frankfurt und Leipzig« sowie das Fehlen des Autornamens auf dem Cover geben?

VORLAGE 1a

Titelblatt der Erstausgabe 1781

Die Räuber.

Ein Schauspiel.

Frankfurt und Leipzig,
1781.

Erläuterungen zur VORLAGE 1a und zum Lehrervortrag. Das auf dem Titelblatt der Erstausgabe abgedruckte Bild eignet sich für eine differenzierte Annäherung an das Thema der Räuber, das in Schillers Darstellung ebenso die Widersprüche einer radikalen Gruppendynamik wie auch die Unzulänglichkeit einer auf dem Recht des Stärkeren bestehenden Handlungsmaxime vorführt. Zudem führt es in die Entstehungsgeschichte des Dramas ein. Die erste Auflage veröffentlichte Schiller 1781 auf eigene Kosten in Stuttgart. Die Ortsangabe »Frankfurt und Leipzig« ist fingiert und stellt einen seit dem 17. Jahrhundert üblichen Code dar, der auf die schon damals berühmten Buchmessen verwies und dessen sich Autoren bedienen, die unerkannt bleiben wollten. So auch Schiller, der das Drama wenige Jahre vor der Französischen Revolution zunächst anonym publiziert: Im Gegensatz zur späteren, bekannt gewordenen »zwoten Auflage« spart das Cover den Autornamen aus. Auch führt der Untertitel noch die Bezeichnung als »Schauspiel«. Wie aus der ersten (sogenannten »unterdrückten«) Vorrede hervorgeht, zögert Schiller zunächst, das Drama als ein zur Aufführung intendiertes anzukündigen; vielmehr setzt er aufgrund des provokativen Inhalts voraus, dass es »niemals das Bürgerrecht auf dem Schauplaz bekommen« werde. Offenbar sah sich Schiller – als Regimentsmedikus, der seine Ausbildung in einer Kadettenanstalt des württembergischen Herzogs genoss – zur Anonymität gezwungen; bekannt ist, dass der höfische Apparat seine Absolventen und Staatsdiener genauestens im Blick behielt und deren Lebensführung stark reglementierte. Zu den schwierigen Entstehungsbedingungen des Dramas zählt daher auch die biographische Anekdote, dass sich Schiller des Nachts mithilfe eines Kameraden aus der Militäranstalt herausstehlen musste, um der Uraufführung »seiner Räuber« im Januar 1782 beizuwohnen. Die Inszenierung auf dem Mannheimer Theater wird ein großer Erfolg und macht den jungen Schiller schlagartig berühmt. Einen weiteren unerlaubten Besuch der *Räuber* jedoch büßt er nicht nur mit einem 14-tägigen Arrest, sondern mit einem Verbot jeder schriftstellerischen Betätigung durch den Herzog; ein Grund dafür, dass er schließlich die Flucht aus Württemberg (zunächst nach Mannheim) unternimmt.

Das Frontispiz zeigt drei Männer, hinter denen sich zur Linken eine massive Tür mit Mauer und zur Rechten ein Wald abzeichnet. Der Mann rechts tritt als heroischer Typus in Erscheinung, trägt römische Beinkleider und Schnürstiefel. In der einen Hand hält er ein Schwert, während er mit der anderen gestikuliert. Den Kopf neigt er mit geöffnetem Mund nach oben, wodurch der Eindruck entsteht, er deklamiere ins Freie hinaus. Links von ihm sitzen zwei weitere Protagonisten auf einer Anhöhe, wobei der mittlere den anderen hält, der im Begriff ist, zusammenzusinken. Das Bild scheint in symbolischer Bezugnahme auf die Antike gemeinschaftliche Werte wie Solidarität, Freiheit und Heldentum zu vermitteln – und artikuliert damit Vorstellungen der literarischen Epoche des Sturm und Drang. Es ruft als männlich geltende Tugenden und (politischen) Protest auf.

1.2 Textbegegnung: Exposition des Familienkonflikts (I,1)

UG

TAFELBILD 1

➤ S. 9

Unterrichtsschritt. Der Einstieg in die Dramenlektüre erfolgt durch Anlesen der Ersten Szene (Dialog von Franz und dem Alten Moor, 11,1–13,7) in verteilten Rollen. Dazu kann eine Person bestimmt werden, die die Nebenbemerkungen bzw. dramaturgischen Anweisungen übernimmt. Die Leseprobe vermittelt einen Eindruck von der Dialogizität des Dramas und löst Fragen aus, die unter Zuhilfenahme des Personenregisters (und der erläuternden Anmerkungen in *Die Räuber*, Reclam XL, unter Beachtung der Verweispfeile) geklärt werden. Auf diese Weise kann sich die Lesegruppe einen ersten Überblick über den sich anbahnenden Familienkonflikt verschaffen und sich langsam mit der Sprache des Dramas vertraut machen. Die Ergebnisse des Unterrichtsgesprächs werden im TAFELBILD 1 festgehalten. (Es dient zugleich als Muster für ein Leseprotokoll.)

Leitfragen:
- Geben Sie den Inhalt der gelesenen Einstiegsszene kurz wieder.
- Wie beurteilen Sie den Brief und die darin vermittelte Nachricht von Karls Treiben?
- Halten Sie Ihre ersten Eindrücke von Franz' Verhalten und der Reaktion des Alten Moor fest.
- Welche Interessen könnte Franz mit dem Brief verfolgen?

Erläuterungen zum Unterrichtsgespräch. Die Erste Szene führt zunächst in die Topographie und Grundkonstellation des Dramas ein. In Franz und dem Alten Moor treten uns Vater und Sohn als Vertreter des Landadels gegenüber, die Situation spielt in den Wohngemächern. Der Alte Moor streitet Franz gegenüber zwar ab, kränklich zu sein, erweckt aber den Eindruck eines niedergeschlagenen Hausherrn, der auf Nachricht von seinem anderen Sohn, dem erstgeborenen Karl, wartet. Franz gibt vor, diese »Zeitung« (11,20; Begriff muss kurz erklärt werden) mitzubringen, warnt den Vater jedoch in umständlicher und zweideutiger Weise vor dem Inhalt. In wiederholten, bedeutungsschwangeren Übertreibungen ziert er sich zunächst, die Neuigkeiten zu verraten. Ebenso plötzlich aber »*nimmt* [er] *den Brief aus der Tasche*« (12,5), wie die Regieanweisung vermittelt, und drängt darauf, ihn vorzulesen – anstatt ihn dem Vater zum Lesen zu geben (hier deutet sich schon die Fälschung der Korrespondenz an). Offenbar bringt er schlechte Nachrichten, da der Verfasser an Franz schreibt, »wie Nachrichten dieser Art dein brüderliches Herz durchbohren müssen« (12,18–20). Angeblich hat der abwesende Karl »vierzigtausend Dukaten Schulden« (12,37–13,1) gemacht, »die Tochter eines reichen Bankiers allhier entjungfert« (13,2 f.) und ihren Freund im Duell getötet; zuletzt heißt es, er habe »sieben ander[e] [...] mit in sein Luderleben gezogen« (13,4 f.) und sei geflüchtet.

Erste Zweifel an der Authentizität des Briefs lassen die Hyperbeln und schwülstigen Redewendungen aufkommen (»ich sollte schweigen auf ewig«, 11,24 f.; »mir ist's, als säh ich dich schon um den Nichtswürdigen, den Abscheulichen [...]«, 12,20 f.), die eine unglaubwürdige Vertrautheit des Verfassers mit Franz voraussetzen und auf den Vater gemünzt sind. Dieser beklagt die »Aufführung« (11,29 f.). Das platte stilistische Register des Briefs wird durch Franz' Wiederholungen noch gesteigert und signalisiert auf diese Weise, dass er ihn möglicherweise fingiert hat. Dass den Aussagen allein keine unmittelbare ›Wahrheit‹ zukommt, sondern sie in einen Handlungskontext von bestimmten Charakteren und Rollenmustern eingebettet sind, kann der Lesegruppe z. B. anhand des ›komischen‹ Verhaltens von Franz nahegebracht werden. Von dieser Einführung ausgehend, kann die Lesegruppe dazu ermutigt werden, Spekulationen darüber anzustellen, aus welchen Gründen Franz sich so verhält und welche Interessen er mit dem Brief verfolgen könnte.

TAFELBILD 1

Die Exposition des Dramas –
Familienkonflikt auf dem »Moorischen Schloss«

Exposition (1. Akt)	**1. Szene, 11,1–13,8** Ausgangssituation des Dramas, die den Grund für das weitere Geschehen bildet
Personen	*Handlung/Interessen (Motivation)*
Franz	• trifft auf seinen Vater und berichtet, Nachrichten von seinem Bruder Karl zu haben • gibt sich besorgt um die Gesundheit des Vaters • schlägt vor, den Inhalt zu einem anderen Zeitpunkt zu verraten; ziert sich und steigert damit die Spannung
Der Alte Moor	• sagt, ihm gehe es gut (»Wie dem Fisch im Wasser!«) • ist »*begierig*« von seinem anderen Sohn Karl zu hören • fühlt sich durch Franz' Benehmen »gefoltert« und fordert ihn auf, seinen Willen zu respektieren
Franz	• liest den Brief eines angeblichen Korrespondenten vor, der Schlechtes vom Bruder zu berichten weiß • der Verfasser behauptet, Karl habe kriminelle Taten begangen (Schulden gemacht; eine Bürgerstochter entjungfert; deren Liebhaber im Duell getötet) und sei nun mit sieben Gleichgesinnten auf der Flucht Botschaft: Franz behauptet ein Szenario, das ihn gegenüber dem Bruder begünstigen könnte
Der Alte Moor	• unterbricht ihn und bittet, aufzuhören (»Es ist genug. – Lass ab, mein Sohn!«)

1.3 Das Erstgeburtsrecht im frühmodernen Fürstenstaat (fakultativ)

Unterrichtsschritt. Der Lehrervortrag informiert (anhand von ARBEITSBLATT 1a ***Benachbarte und alternierende Generationen, Primogenitur und Ultimogenitur***) über das Familienmodell des Erstgeburtsrechts als politisches Ordnungsprinzip des Fürstenstaats. Über die Konsequenzen und Bewertung des feudalen Gesellschaftsmodells am Beispiel des Erstgeburtsrechts können sich die Schülerinnen und Schüler im Unterrichtsgespräch austauschen. LV / UG

ARBEITSBLATT 1a
➤ S. 12

Alternative. Die Schülerinnen und Schüler können sich die kulturelle Bedeutung der Primogenitur und der alternativen Ultimogenitur als Beispiele für die Ordnung sozialer Beziehungen auch durch individuelle Lektüre bzw. in Kleingruppenarbeit selbst erarbeiten.

Erläuterungen. Die Schülerinnen und Schüler entwickeln ein Verständnis für die komplexen Kontexte des Dramas und werden in die Lage versetzt, einen kulturellen Referenzrahmen für die Rekonstruktion impliziter Bedeutungen heranzuziehen (s. *Auf dem Weg zur literarischen Kompetenz. Ein Modell literarischen Lernens auf semiotischer Grundlage*, hrsg. von Anita Schilcher und Markus Pissarek, Baltmannsweiler [4]2018).

Mit der Primogenitur (*primus*: ›erster, als Erster‹; *genitus*: ›geboren‹) wird eine Nachfolgeordnung bezeichnet, nach der das älteste Kind den ganzen Besitz oder den Großteil desselben erbt. Die jüngeren Geschwister geraten damit in Abhängigkeit vom Ältesten oder müssen ihr Glück außerhalb der Familie suchen. Häufig ergeben sich daher zwischen »benachbarten Generationen« Konfliktkonstellationen. Mit der Primogenitur werden auch politische Machtverhältnisse festgeschrieben; so hat nur das erstgeborene Kind (im feudalen Staat insb. der Sohn) einen legitimen Anspruch auf die Führung der Geschäfte.

1.4 Erschließung von Franz' Monolog

EA / UG

VORLAGE 1b

➤ S. 10

Unterrichtsschritt. In Einzelarbeit lesen die Schüler und Schülerinnen den Anfang des Monologs von Franz (1,1, 18,24–19,2) und bearbeiten die Arbeitsaufträge auf VORLAGE 1b ***Franz' Monolog (Teil 1)***. Die Konzentration auf einen Textausschnitt bei selbstständiger Lektüre regt die individuelle Phantasie an und fördert das Verständnis für die intime Kommunikationssituation des Monologs. Lexikalische Unklarheiten können die Schülerinnen und Schüler nun eigenständig anhand der Erläuterungen auflösen; auch werden sie dazu angehalten, in Anwendung des Musterprotokolls (TAFELBILD 1) Notizen zur Figurenmotivation festzuhalten. Die Ergebnisse werden im Unterrichtsgespräch anhand der Arbeitsaufträge diskutiert und durch weitere Beobachtungen ergänzt.

VORLAGE 1b

Franz' Monolog (Teil 1)

Lesen Sie den Anfang von Franz' Monolog: S. 18, Z. 24 – S. 19, Z. 2. Protokollieren Sie seinen Gedankengang und beantworten folgende Fragen stichwortartig:

1. Welche Absichten gibt Franz in seinem Monolog zu erkennen?
2. Welche zusätzliche Information erhalten die Leserinnen und Leser über die vorangegangene Handlung?

*3. Bringen Sie Franz' Absichten in einen Zusammenhang mit der Primogenitur im Fürstenstaat.

Erläuterungen. Franz tritt uns in seinem Monolog nun erstmals offen und unverstellt gegenüber; die Zuschauer erhalten so einen Einblick in seine geheimen Pläne und privaten Gedanken. Aus den Prophezeiungen (»Alter, du wirst ihn nimmer an diese Brust drücken«) und Verwünschungen (»Ich hab einen magischen Kreis von Flüchen um dich gezogen, den er nicht überspringen soll – Glück zu, Franz! Weg ist das Schoßkind«) geht die manipulative Absicht hervor, seinen Bruder Karl »vom Herzen des Vaters loszulösen«. Offensichtlich plant er, die beiden einander zu entfremden oder gar durch Tod zu trennen. Auch gibt Franz preis, den Brief selbst verfasst zu haben (»wie leicht könnte jemand meine Handschrift kennen!«). Um seine Ziele zu erreichen, will er bei der Gesundheit des Vaters ansetzen (»Und Gram wird auch den Alten bald fortschaffen«) – ein Vorsatz, der auf den weiteren Handlungsgang verweist.

Mithilfe der Hintergrundinformationen zum Erstgeburtsrecht können die Motivationen des zweitgeborenen Franz bestimmt werden:

- Franz' Position innerhalb der Familie wird aus seiner Perspektive als eine defizitäre deutlich, die von rechtlicher Benachteiligung und Eifersucht gegenüber dem »Schoßkind Karl« gekennzeichnet ist.
- Sein »*Lachen*« und die kriminellen Pläne zeigen den abgründigen Charakter der Figur auf. Den Bruder will er beseitigen, um dessen Erbansprüche für sich zu reklamieren; auch schreckt er nicht vorm indirekten Mord an seinem Vater zurück, um dessen Nachfolge anzutreten.
- Seine Absichten schließen zuletzt auch eine weibliche Person ein, der »Karl aus dem Herzen« gerissen werden soll.

Im Monolog werden die Dimension von Franz' Intrige und die daraus resultierenden Handlungsmöglichkeiten des Dramas umrissen: Franz' Rolle zielt dabei auf nichts Geringeres als die Umkehrung der familiären und erbrechtlichen Verhältnisse. Sein Verhalten legt hintergründige und manipulative Absichten offen, die seine künftige Interaktion mit den anderen Personen des Dramas bestimmen. Dass er unmoralisch handelt, wird in der lexikalischen Verwendung und Negation christlicher Vorstellungen (»der Weg dazu ist ihm verrammelt wie der Himmel der Hölle«) sowie der Beschwörung von archaischen Kräften (»Ich hab einen magischen Kreis von Flüchen um dich gezogen«) angedeutet. Grammatikalisch einsichtig werden die bestimmenden Merkmale des Monologs anhand der häufigen Verwendung der 1. Person Singular sowie der Anrede imaginierter dritter Personen; darüber hinaus ist Franz' monologische Rede von Ellipsen (durch Gedankenstriche kenntlich), unverbundenen Assoziationen (»Weg ist das Schoßkind – Der Wald ist heller«) und einem parataktischen Satzbau geprägt, die seine emotionale Aufladung spiegeln. In sprachlicher Hinsicht bildet die Rhetorik seinen erregten Gefühlszustand ab und deutet auf Franz' Bereitschaft hin, an die Grenzen des gesellschaftlich Akzeptierten (und darüber hinaus) zu gehen.

1.5 Erschließung der Fortsetzung des Monologs und Ergebnissicherung

Unterrichtsschritt. Nach der gemeinsamen Lektüre erarbeiten sich die Schülerinnen und Schüler mithilfe des ARBEITSBLATTS 1b ***Franz' Monolog (Teil 2)*** (19,3–26; 21,19–22) in Partnerarbeit einen Überblick über die Sprache, die Metaphorik und den Inhalt des gesamten Monologs und nähern sich dadurch den in der Sachanalyse dargestellten Motivationen der Figur. Indem sie das Muster aus 1.2 (s. TAFELBILD 1) anwenden, üben sie Techniken der Texterschließung ein und bereiten das Unterrichtsgespräch durch Kurzpräsentationen vor.

PA / UG

ARBEITSBLATT 1b
➤ S. 13
Lösungshinweise
➤ S. 101

Leitfragen im Unterrichtsgespräch:
- Tragen Sie Ihre Textkommentierungen vor und fassen Sie mit deren Hilfe jeweils einen Abschnitt zusammen.
- Erläutern Sie die Komposita (»Lappländersnase« etc.) im ersten Abschnitt. Wie stellen Sie sich Franz vor?
- Beschreiben Sie die Gründe, die Franz für die Intrige anführt. Welches Ziel verfolgt er und wie rechtfertigt er seine Pläne?
- Welche Rolle ordnet Franz der Natur bei der menschlichen Entwicklung zu: Welche Bedeutung haben für ihn Bruder- und Vaterliebe?

Erläuterungen. In der Präsentation ihrer Ergebnisse identifizieren die Schülerinnen und Schüler Franz' Grenzüberschreitung, die Argumente zu seiner Rechtfertigung und gelangen zu weiteren Erkenntnissen über das hinter dem Charakter stehende Natur- als Weltmodell.

Die Bearbeitung der Arbeitsaufträge bereitet das Unterrichtsgespräch vor. Die zur Binnendifferenzierung (Arbeitsauftrag 4 zu 19,27–21,18) vorgesehene Frage zu Franz' Problem mit dem Konzept der »Blutliebe« ermöglicht einen anspruchsvollen Transfer, der seinen Sozialdarwinismus im Spannungsfeld mit den geltenden moralischen Normen verortet.

Im Unterrichtsgespräch werden in sprachlich prägnanter und differenzierender Weise die Schwerpunkte, Zusammenhänge und Transfers festgehalten. Indem die Schülerinnen und Schüler die im Monolog offenbarte Intrige als gewaltsamen Plan der Umkehrung der patriarchalischen Familienordnung verstehen, werden sie dem provokativen politischen Potential des Dramas entgegengeführt. Ferner erkennen sie den Monolog als dramatisches Mittel der Selbstaussage und erfahren seine Leistung, eine dramatische Figur von innen her in der unverstellten Dimension seines Wesens zu erfassen.

Hausaufgabe

Lektüre des gesamten Ersten Akts (*Die Räuber*, Reclam XL, 13,8–37,17).

ARBEITSBLATT 1a

Benachbarte und alternierende Generationen, Primogenitur und Ultimogenitur

»Natürlich wird das Lebensalter auf informellere Weise in allen Gesellschaften zur Ordnung der sozialen Interaktion verwendet. In diesem Zusammenhang sollen hier zwei Begriffspaare eingeführt werden[.]

Im interkulturellen Vergleich findet man nicht selten, daß zwischen **benachbarten Generationen** (den Generationen von Eltern und Kindern, die unmittelbar aufeinander folgen) eine gewisse Spannung, ja sogar Feindseligkeit besteht. Dies ist wahrscheinlich auf den Umstand zurückzuführen, daß die Mitglieder der älteren benachbarten Generation direkte Autorität über die jüngere ausüben und daß dies bei den Mitgliedern der letzteren Groll hervorrufen kann. Es kann auch auf den Umstand zurückgeführt werden, daß die ältere Generation in den Mitgliedern der jüngeren unberechtigte Eindringlinge sieht, die sie verdrängen möchten, während die jüngere Generation die ältere, die sie ablösen möchte, als ein Hindernis in ihren Bestrebungen betrachtet.

Andererseits können die Beziehungen zwischen **alternierenden Generationen** (den Generationen von Großeltern und Enkeln, also jeder zweiten Generation) oft warm und herzlich sein. Dies mag darauf zurückzuführen sein, daß sie altersmäßig zu weit auseinander liegen, um einander als Rivalen zu betrachten sowie darauf, daß hier die ältere Generation nicht direkt damit befaßt ist, Autorität über die jüngere auszuüben.

Das andere Begriffspaar, das erwähnt werden muß, bezieht sich auf Erbschaftsregelungen, die auf Altersunterscheidungen beruhen. **Primogenitur** bedeutet Erbschaft durch den Erstgeborenen (oder das älteste Kind). **Ultimogenitur** bedeutet Erbschaft durch den Letztgeborenen (oder das jüngste Kind).

In manchen Gesellschaften erbt das älteste Kind den ganzen Besitz oder den Großteil desselben, und die jüngeren Geschwister geraten damit in Abhängigkeit vom Ältesten oder müssen ihr Glück anderswo suchen. In anderen Gesellschaften verlassen die Kinder, wenn sie herangewachsen sind und heiraten, den Haushalt, um ihren eigenen Weg in der Welt zu machen; doch das (im allgemeinen: männliche) jüngste Kind bleibt nach seiner Heirat im Haushalt, um für die Eltern in ihrem Alter zu sorgen. In diesem Falle ist es das jüngste, das die Erbschaft antritt. (Es ist unnötig hinzuzufügen, daß es andere Gesellschaften gibt, in denen das Erbe unter einer Anzahl von Erben aufgeteilt wird.)«

Frank Robert Vivelo: Handbuch der Kulturanthropologie. Eine grundlegende Einführung. Hrsg. und mit einer Einleitung von Justin Stagl. Stuttgart: Klett-Cotta, 1981. S. 177 f.

Arbeitsaufträge:

1. Fassen Sie die Informationen des Sachtexts zusammen.
2. Wie bewerten Sie das auf dem Erstgeburtsrecht basierende Ordnungsmodell des frühneuzeitlichen Staats? Erscheint es Ihnen ›gerecht‹?

Franz' Monolog (Teil 2)

FRANZ. […] Ich habe große Rechte, über die Natur ungehalten zu sein, und bei meiner Ehre! ich will sie geltend machen. – Warum bin ich nicht der Erste aus Mutterleib gekrochen? Warum nicht der Einzige? Warum musste sie mir diese Bürde von Hässlichkeit aufladen? Gerade mir? Nicht anders, als ob sie bei meiner Geburt einen Rest gesetzt hätte. Warum gerade mir die Lappländersnase? Gerade mir dieses Mohrenmaul? Diese Hottentottenaugen? Wirklich, ich glaube, sie hat von allen Menschensorten das Scheußliche auf einen Haufen geworfen und mich daraus gebacken. Mord und Tod! Wer hat ihr die Vollmacht gegeben, jenem dieses zu verleihen und mir vorzuenthalten? Könnte ihr jemand darum hofieren, eh er entstund? Oder sie beleidigen, eh er selbst wurde? Warum ging sie so parteilich zu Werke?

Nein! nein! Ich tu ihr Unrecht. Gab sie uns doch Erfindungsgeist mit, setzte uns nackt und armselig ans Ufer dieses großen Ozeans Welt – Schwimme, wer schwimmen kann, und wer zu plump ist, geh' unter! Sie gab mir nichts mit; wozu ich mich machen will, das ist nun meine Sache. Jeder hat gleiches Recht zum Größten und Kleinsten, Anspruch wird an Anspruch, Trieb an Trieb und Kraft an Kraft zernichtet. Das Recht wohnet beim Überwältiger, und die Schranken unserer Kraft sind unsere Gesetze. […]

Frisch also! mutig ans Werk! – Ich will alles um mich her ausrotten, was mich einschränkt, dass ich nicht Herr bin. Herr muss ich sein, dass ich das mit Gewalt ertrotze, wozu mir die Liebenswürdigkeit gebricht. *(Ab.)*

Die Räuber, Reclam XL, 19,3–21,22.

Arbeitsaufträge:

1. Kennzeichnen Sie den Inhalt der einzelnen Absätze oder einzelner Textpassagen mit Überschriften bzw. Stichworten (schriftlich).
2. Diskutieren Sie mit Ihrem Partner die Klagen der Figur. Welches Selbstbild offenbart der Monolog?
3. Klären Sie miteinander, welches Ziel Franz verfolgt und mit welchen Argumenten er es begründet (schriftlich).

*4. Lesen Sie den noch fehlenden Abschnitt des Monologs in Ihrer Ausgabe (Reclam XL, 19,27–21,18). Warum lehnt Franz die »Blutliebe«, also die Bruder- und Vaterliebe, ab?

2 Karl Moor als rebellischen Protagonisten charakterisieren (I,2)

Sachanalyse

Nach der dramatischen Einführung des intriganten Bruders und des kränkelnden Grafen tritt in der Zweiten Szene des Ersten Akts Karl Moor auf. Dass es sich um einen außergewöhnlichen Charakter handeln muss, hat sich bereits in der ersten Szene angedeutet: Franz hatte ihn dort mit einer zwiespältigen Charakterisierung versehen, die zunächst an all die Eigenschaften und Potentiale erinnerten, die ihn dem Vater so liebenswert gemacht hatten: Karl habe sich demnach früh sowohl durch einen »feurigen Geist« ausgezeichnet als auch durch seine »Offenheit« und »Weichheit des Gefühls«, durch einen »männliche[n] Mut« ebenso wie überhaupt »alle diese schöne[n], glänzende[n] Tugenden, die im Vatersöhnchen keimten« und ihn »dereinst zu einem warmen Freund eines Freundes, zu einem trefflichen Bürger, zu einem Helden« (14,4–13) machen konnten. Mit der fingierten Korrespondenz aus Leipzig jedoch wird dieses Bild vom »großen Manne« (14,14) mit einer großen Fallhöhe versehen und ins Negative verkehrt. Franz schmiedet eine Intrige, die zur Vertreibung des Erstgeborenen aus dem Schloss führt.

Mit dem Ortswechsel zu einer »Schenke an den Grenzen von Sachsen« (Zweite Szene, 21,24) exponiert das Drama nun die Perspektive des Bruders. Dessen Charakter scheint zunächst den heroischen Zuschreibungen aus der Ersten Szene zu entsprechen, seine Protestrede lässt jedoch auch hier einen Konflikt erahnen, der an das Selbstverständnis der feudalen Ständegesellschaft rührt. Im Dialog mit dem verschlagenen Spiegelberg ereifert sich Karl über das »tintenklecksende[] Säkulum« (21,27f.). Ausgangspunkt der eher überzogenen, aber eindrücklichen Gesellschaftskritik ist die Beobachtung einer Reihe von (performativen) Widersprüchen, die Karl im Verhalten seiner Zeitgenossen ausmacht: Seiner Ansicht nach handeln sie durchweg entgegengesetzt zu dem, was sie zu studieren oder zu vermögen behaupten. Als Beispiele nennt er u. a. den »schwindsüchtige[n] Professor«, der »sich bei jedem Wort ein Fläschchen Salmiakgeist vor die Nase« hält und dabei »ein Kollegium über die Kraft« (22,5–7) liest; »Kerls, die in Ohnmacht fallen, wenn sie einen Buben gemacht haben« und nichtsdestotrotz »über die Taktik des Hannibals« (22,7–9) lästerten; schließlich überhaupt das ganze »schlappe Kastratenjahrhundert, zu nichts nütze, als die Taten der Vorzeit wiederzukäuen und die Helden des Altertums […] zu verhunzen mit Trauerspielen« (22,22–25). Die vorgebrachte Kritik, die in der ironischen Selbstbezugnahme auch Schiller als Dramaturgen einschließt, greift auf Politik, Gesellschaft und Kunst gleichermaßen aus. Karls Vorwurf besteht darin, seine Zeitgenossen seien von der Kultur verbildet, hätten sich »die gesunde Natur mit abgeschmackten Konventionen« (22,29f.) verboten, ließen es insgesamt an Ehrlichkeit und Mut zur Veränderung fehlen. Mit Blick auf die Gesetze wird ein Spannungsverhältnis zwischen Recht und Freiheit festgestellt, das »noch keinen großen Mann gebildet«, aber »Kolosse und Extremitäten« (23,16f.) ausgebrütet habe. Im Sprachbild körperlicher Verfallsprozesse, die hier auf die Fäulnis des Herrschaftssystems im Ganzen verweisen, wird einer Politik gespottet, die sich (noch immer) den Launen der Obrigkeit unterstellt. Gleichzeitig erhebt sich Karl jedoch auch über ein rechtspositives Denken, da er seinen Willen ebenso wenig »in eine Schnürbrust« (23,13) aus Gesetzen zwingen lassen will. Das Paradoxon erinnert stark an Rousseaus Zivilisationskritik und den Beginn seines ersten Buchs des *Gesellschaftsvertrags*: »Der Mensch ist frei geboren, und überall liegt er in Ketten.«[1] Revolutionäre Utopien skizziert Karl dort, wo er über die strenge Verfasstheit der antiken Vorbildrepubliken hinausgehen will: »Stelle mich vor ein Heer Kerls wie ich, und aus Deutschland soll eine Republik werden, gegen die Rom und Sparta Nonnenklöster sein sollen.« (23,21–23) Von hier aus führen die ideellen Anlagen des Protagonisten sowohl in die Richtung eines sozialrevolutionären Helden à la Robin Hood als auch in die des von jeder Moral entfremdeten Bruders Franz. Karl jedoch achtet im Gegensatz zu Franz die natürlichen Anlagen des Menschen, sieht sie aber nur unzureichend realisiert, und erhebt den Anspruch, in radikaler Weise den gesellschaftlichen Umbau herbeizuführen. Historisch zeichnet sich als Zielpunkt seiner Äußerungen der Absolutismus der französischen Monarchie, aber auch des württembergischen Herzogtums ab. Wenige Jahre vor der Französischen Revolution entstanden, nimmt Schiller in Karls Protestrede demnach Anklänge der zeitgenössischen politischen und allgemeinen Kulturkritik auf.

Auf sprachlicher Ebene ist Karls Rede wiederholt von Kraftausdrücken, Ellipsen und Vergleichen (Metonymien) geprägt. Gleichermaßen als Idealist und Re-

1 Jean-Jacques Rousseau, *Vom Gesellschaftsvertrag oder Grundsätze des Staatsrechts*, in Zusammenarb. mit Eva Pietzcker übers. und hrsg. von Hans Brockard, Stuttgart 1977 [u. ö.], S. 5.

bell gegen ungerechte Verhältnisse kämpfend, ist Karl mit dem Pathos der Stürmer und Dränger ausgestattet, das auch seine literarischen Vorgänger (aus der Feder Friedrich Maximilian Klingers, J. Anton Leisewitz' und Christian Friedrich Daniel Schubarts) bereits geprägt hatte (vgl. Kapitel 9).

Die folgenreiche Verpflichtung zum Hauptmann einer Bande von Räubern geht Karl allerdings in einem Moment großer Verzweiflung ein. Die Aufnahme in den Männerbund ist vor allem mit der abschlägigen Antwort des Bruders zu erklären, der seinen familiären Verstoß behauptet und ihn »auf ewig« (29,20) vom Schloss der Familie Moor verbannt hatte. Karls Enttäuschung, die bald in Rachegefühle mündet, lässt sich mit dem Angebot der Räuber zu einer Handlung erheben, die sich nun gegen das System im Ganzen kehrt. Diese Motivation des ›edlen Verbrechers‹, dessen Handlungen sowohl Bewunderung als auch Unverständnis provozieren, wird zu einer typischen Figur von Schillers Poetik (vgl. Kapitel 10).

Unterrichtsverlauf

Überblick. Eine Karikatur zur Ständegesellschaft vor der Französischen Revolution macht die Schülerinnen und Schüler mit dem historischen Kontext des Dramas vertraut und ermöglicht ihnen, die kulturkritischen Bezüge von Karl Moors Protestrede im historischen Kontext und im Vergleich zu Spiegelberg zu verstehen. Im zweiten Teil lernen sie die wesentlichen Elemente einer Charakterisierung kennen und wenden dieses Wissen auf Karl und Franz Moor an. Im Ausblick auf den weiteren Verlauf des Dramas wird die Bedeutung von Karls Aufnahme in den Räuberbund spannungstheoretisch perspektiviert. **! Verkürzter Verlauf: 2.1 – 2.3 – 2.4 – 2.5**

Phase	Thema	Sozialform	Kompetenzen und Lernziele	Materialien
Voraussetzung: Kenntnis des gesamten Ersten Akts				
2.1	Einstiegsphase: Gesellschaftskritik am Vorabend der Französischen Revolution	UG	• Vorwissen zum historischen Kontext aktivieren • Die Karikatur als künstlerisch überformte Darstellung eines gesellschaftlichen Zustands erkennen und reflektieren	VORLAGE 2 ➤ S. 17
2.2 fakultativ	Autonomie vs. Heteronomie: Die philosophischen Bezüge von Karls Protestrede verstehen (1,2)	GA / UG	• Die Psychologisierung eines historischen Konflikts zwischen Individuum und Gesellschaft nachvollziehen • Einen philosophischen Bezugsrahmen kennenlernen • Verschiedene Textformen und -gattungen vergleichen und unterscheiden • Komplexe Referenzformen erkennen und die Wechselwirkung bzw. Bezüglichkeit von Fiktion und Wirklichkeit bzw. einem Denkmodell diskutieren	ARBEITSBLATT 2 ➤ S. 22
2.3	Karl Moor und Spiegelberg im kontroversen Dialog	UG	• Die Motivationen von Figuren bestimmen und vergleichen • Statische und dynamische Figurenkonzeptionen erkennen und einordnen können	TAFELBILD 2a ➤ S. 19
2.4	Franz und Karl Moor: Kontrastive Figurencharakterisierung anhand des Ersten Akts	LV / PA	• Literarische Figur(en) charakterisieren und vergleichen • Fremd- und Eigencharakterisierung unterscheiden und adäquat interpretieren • Relationen von Figuren zueinander bestimmen und systematisieren können • Kontrast- und Korrespondenzrelationen in der Figurenkonstellation beschreiben	TAFELBILD 2b ➤ S. 19 TAFELBILD 2c ➤ S. 20

2.5	Karl Moors Aufnahme in den Räuberbund als dramatischen Knoten begreifen (I,2)	EA	• Die Handlungsmotivation von Karl Moor begründen • Die dramaturgische Funktion der Regieanweisungen im Rahmen einer Gruppenszene verstehen • Texterschließungstechniken einüben	
HA	Vervollständigung der schriftlichen Einzelarbeit (2.5) und vorbereitende Lektüre des Zweiten Akts			*Die Räuber*, Reclam XL, 43,1–80,37

2.1 Einstiegsphase: Gesellschaftskritik am Vorabend der Französischen Revolution

UG

VORLAGE 2
➤ S. 17

Unterrichtsschritt. Die Schülerinnen und Schüler kennen die Zweite Szene des Ersten Akts, in dem Karl Moor erstmals auftritt und sich im Dialog mit Spiegelberg über »das schlappe Kastratenjahrhundert« ereifert. Sein Protest lässt sich an eine berühmte Zivilisationskritik anschließen, die der Schweizer und französischsprachige Philosoph Jean-Jacques Rousseau zuerst in seinem *Diskurs über die Ungleichheit* (1755) formuliert hatte und sodann im *Gesellschaftsvertrag* (1762) politisch artikulierte (s. Unterrichtsschritt 2.2). Der historische Hintergrund dieser Kritik, die in Karls Wutrede anklingt, ist die Ständegesellschaft im Absolutismus des 18. Jahrhunderts. Mithilfe der VORLAGE 2 ***Der Dritte Stand*** lernen die Schülerinnen und Schüler eine zeitgenössische Karikatur aus Frankreich kennen, die auf eindrückliche Weise die Ausbeutung des Dritten Standes vor der Revolution veranschaulicht. Durch die Beschreibung und gemeinsame Diskussion des Flugblatts können sie das mit der historischen Situation verbundene Konfliktpotential erschließen und auf den dramatischen Dialog beziehen.

Leitfragen für das Unterrichtsgespräch:
- Eine Karikatur stellt einen gesellschaftlichen Missstand, eine Situation oder Person von öffentlichem Interesse auf verzerrte bzw. überzogene Weise dar. Beschreiben Sie das Flugblatt.
- Welche Personen sind darauf zu sehen und wofür stehen sie?
- Wie interpretieren Sie die Karikatur? Aktualisieren Sie mögliches Vorwissen über das feudale Gesellschaftssystem im 18. Jahrhundert anhand des Bildes.
- Formulieren und diskutieren Sie erste Gedanken über den Zusammenhang dieser Gesellschaftskritik mit Karls Figurenmotivation in der Zweiten Szene.

Erläuterungen. Die Karikatur wurde im Revolutionsjahr 1789 in einem französischen Flugblatt veröffentlicht; der Zeichner blieb zwar unbekannt, da er nur seine Initialen (»M. P.«) unter das Bild setzte, gab sich jedoch mit dem Zusatz »L'auteur en Campagne« als ein vom Land kommender und damit den Bauern nahestehender Autor zu erkennen. Das Bild zeigt eine Trias von Personen, die jeweils einen der drei Stände des feudalen Gesellschaftssystems im Absolutismus verkörpern. Dabei sitzen zwei Männer auf dem Rücken eines dritten, der von der Last gebeugt ist und sich nur mehr auf eine Hacke stützen kann, welcher die Worte »mouillé de larmes« (»getränkt von Tränen«) eingeschrieben sind. In der Tasche seiner abgewetzten Kleidung prangen Schuldscheine, die mit verschiedenen Aufschriften versehen sind (»sel et tabac«, »tailles corvé« sowie »dixímes / millices«). Die Bezeichnungen verweisen auf die Pflichten und Abgaben (Salz- und Tabaksteuer, Frondienst, Zehnt, Militärdienst), die der Dritte Stand dem Adel leisten musste. Offensichtlich lässt sich der gekrümmte Mann als ein älterer Bauer identifizieren – wobei Bürger und Bauern in der französischen Feudalgesellschaft zusammen etwa 98 Prozent der Bevölkerung ausmachten und doch nur den letzten Stand bildeten. Auf dem Rücken sitzt zur Linken ein Geistlicher, der durch das Kreuz, die Soutane und das Beffchen (den Kragen) symbolisch dargestellt wird. Dass er dem Ersten Stand des Klerus angehört, vermittelt der Notizzettel in seiner Tasche, auf dem sich ein ganzes Berufsregister findet: »Évêque, Abbé de, Duc et pair, Comte de, pension, ostentation«. Abgesehen von dem zum Klerus zählenden Personenkreis (Bischof, Abt, Herzog, Graf) enthält es auch Begriffe wie »Unterhalt« und »Großspurigkeit«, die auf den Verwendungszweck des auch hier den Dritten Stand belastenden Steuersatzes deuten. Zur Rechten schließlich ist in aufrechter Sitzhaltung der Zweite Stand dargestellt, der den Adel (d. h. Grafen, Fürsten, Könige) umfasste. Das nach unten, bis zum Hasen reichende Schwert trägt die Aufschrift »rougit de sang« (»mit

VORLAGE 2

Der Dritte Stand

Französische Karikatur, 1789

Blut gerötet«) und deutet zwei Aspekte an: Zunächst lässt es sich bildlich auf das Jagdprivileg des Adels beziehen, das die ausgedehnten Tafelrunden und den Luxus der Obrigkeit erst ermöglichte (während es dem Bauernstand verboten war, seine Lebensgrundlagen durch die Jagd sicherzustellen – was das Bild durch die Hasen und Rebhühner, die Saat und Ernte verzehren, ebenfalls abbildet). Darüber hinaus weist es auf die prekäre Situation des Dritten Standes im Ganzen hin: auf seine gewaltsame Unterdrückung und die Herrschaft der Monarchie zulasten der Bauern. Dass dieses System bald an sein Ende kommen möge, formuliert der Untertitel der Karikatur: »A faut esperer q'eus jeu la finira bientôt« (»Bleibt zu hoffen, dass dieses Spiel bald endet«). Tatsächlich kommt es wenig später zum politischen Umsturz in Frankreich; im Juli 1789 beginnt mit dem Sturm auf die Bastille der zur Revolution führende Volksaufstand.

2.2 Autonomie vs. Heteronomie: Die philosophischen Bezüge von Karls Protestrede verstehen (I,2)

(fakultativ)

GA / UG

Unterrichtsschritt. Durch die gemeinsame Lektüre von Karls Protestrede in der Zweiten Szene des Ersten Akts (22,22–23,9) in Kleingruppen reaktivieren die Schülerinnen und Schüler ihre Vorstellung vom Charakter des Protagonisten. Mithilfe von ARBEITSBLATT 2 ***Zwischen Rebellentum, Kraftmeierei und politischer Vision: Karls Systemkritik*** ergänzt die Lesegruppe ihre Vorkenntnisse über den historisch-politischen Bezugsrahmen des Dramas und lernt eine argumentative Vorlage für das hinter Karls Rebellion stehende Weltmodell kennen. Neben dem Höhepunkt von Karls Wutausbruch (23,12–24) dokumentiert das Arbeitsblatt zentrale Passagen aus Rousseaus Plädoyer für eine republikanische Neuordnung des Staats, mit deren Hilfe die Grup-

ARBEITSBLATT 2
➤ S. 22

pen die Argumente, die Karls Protesthaltung zugrunde liegen, näher bestimmen können. Dabei treten Fragen auf, die das Unterrichtsgespräch vorbereiten und schriftlich festgehalten werden. Durch den Vergleich der Figurenrede mit den Auszügen aus dem *Gesellschaftsvertrag* erkennen die Schülerinnen und Schüler inhaltliche und stilistische Parallelen, aber auch Unterschiede zwischen den beiden Textformen und ihren Autoren – dem Philosophen Rousseau und dem Dramatiker Schiller.

Erläuterungen zum Unterrichtsgespräch. Auf der Grundlage der Gruppenarbeit stellt das Unterrichtsgespräch in einer zwischen dem philosophischen Denkmodell und der dramatischen Figur differenzierenden Weise die Zusammenhänge und Transfers zu einem vertieften Textverständnis her.

Indem die Schülerinnen und Schüler an Karls Äußerungen die Textsignale eines Aufbegehrens erkennen, machen sie sich den Kern seiner Gesellschaftskritik als ein (überindividuelles) Konfliktfeld bewusst, das auf der Spannung zwischen Fremdbestimmung und dem Anspruch auf Autonomie beruht. Dadurch wird die Grundlage für ein Verständnis des Dramas gelegt, das es der Aufklärung und einer wirkmächtigen, neuzeitlichen Staatsphilosophie zuordnet. Karls monologische Wutrede polemisiert zwar gegen das ›Gesetz‹, verwirft damit jedoch vor allem das von »Tyrannen« etablierte Ordnungsmodell, das seine Untertanen drückt und in ihrer Entwicklung hemmt. Gleichzeitig wütet Karl aber auch gegen ein entgrenztes Freiheitsverständnis der Obrigkeit, das sich verselbstständigt habe und »Kolosse und Extremitäten« ausbrüte.

In der Figurenrede seines Protagonisten stellt der Regimentsarzt Schiller der Gesellschaft eine verheerende Diagnose, die sie mit einem kranken und wuchernden (Staats-)Körper vergleicht. – Rousseaus im »Gesellschaftsvertrag« konzeptualisierten Vorschläge für eine politische Neuordnung des Staats als einer »Gesamtkörperschaft« bilden die philosophische Entsprechung dieser Kritik. Ein »Akt des Zusammenschlusses« soll das Eigentum jeder Person schützen und ihre Selbstbestimmung ermöglichen, und zwar durch eine wechselseitige Übereinkunft: in dieser vereinigt sich »jeder […] mit allen« – »und da sie für alle gleich ist, hat keiner ein Interesse daran, sie für die anderen beschwerlich zu machen« (*Vom Gesellschaftsvertrag*, übers. und hrsg. von Hans Brockard, Stuttgart 1977 [u. ö.], I,6, S. 17 f.). In Rousseaus Vision eines gesellschaftlichen Zusammenschlusses freier und gleicher Menschen lässt sich auch eine Parallele zu Karls anfänglicher Zielvorstellung des dramatischen Räuberbündnisses ausmachen – einer neuen Republik von einem »Heer Kerls wie ich«. Das Ideal erfährt jedoch bereits durch die Nachricht über den angeblichen Verstoß Karl Moors aus seiner Familie eine zynische Verzerrung, wie am Ende der Szene deutlich wird (»Mörder, Räuber! – mit diesem Wort war das Gesetz unter meine Füße gerollt«, 36,22 f.).

2.3 Karl Moor und Spiegelberg im kontroversen Dialog

UG

TAFELBILD 2a

➤ S. 19

Unterrichtsschritt. Sofern nötig, wird das Gespräch zwischen Karl Moor und Spiegelberg (23,25–28,4) durch Lektüre in verteilten Rollen vergegenwärtigt. Die gegensätzlichen Einschätzungen der gesellschaftlichen Situation, die von Karl und Spiegelberg als Missstand wahrgenommen wird, liefern im Vergleich die notwendige Grundlage für eine Einordnung der Figuren im Unterrichtsgespräch, dessen Ergebnisse im TAFELBILD 2a festgehalten werden. An ein vertieftes Verständnis für die unterschiedlichen Pläne und Ziele der Protagonisten werden die Schülerinnen und Schüler durch die Gegenüberstellung von Begriffen wie »Herrschaft«, »Tyrann(ei)«, »Königreich«, »Republik«, »Freiheit« und »Gesetz« herangeführt, deren Bedeutung in ihrem unmittelbaren Verwendungszusammenhang im Drama erschlossen wird. Schließlich lassen sich die Ideen der beiden zur Umgestaltung der Gesellschaft ebenso kritisch diskutieren wie die Eigenschaften, die ihnen als Figuren zugeschrieben werden (beispielsweise Moritz Spiegelberg, dessen Charakter durchweg negativ gezeichnet ist und über dessen jüdische Herkunft der Text spekuliert).

2.4 Franz und Karl Moor: Kontrastive Figurencharakterisierung anhand des Ersten Akts

LV / PA

TAFELBILD 2b

➤ S. 19

TAFELBILD 2c

➤ S. 20

Unterrichtsschritt. Ausgehend vom Vergleich zwischen Franz und Karl Moor werden die Schülerinnen und Schüler in die besonderen (Struktur-)Elemente einer Figurencharakterisierung speziell in der Gattung Drama eingeführt. Im vorbereitenden Unterrichtsgespräch wird ermittelt, auf welche Weise im Drama eine Charakterisierung erfolgt (TAFELBILD 2b). Mithilfe des vorbereiteten Leseprotokolls des Ersten Akts diskutieren die Schülerinnen und Schüler dann in Partnerarbeit die Charaktere und Motivationen von Karl und Franz Moor. Im TAFELBILD 2c werden die Ergebnisse festgehalten und gesichert. Es bietet den Schülerinnen und

TAFELBILD 2a

Visionäre oder Utopisten?
Die politischen Programme von Karl und Spiegelberg im Vergleich

	Karl Moor	Spiegelberg
Eigenschaften der Figur	männlich, heldenhaft	Judentum/jüdisch? ein »Narr« (Karl, 27,17)
Ideale	Freiheit (im Sinne von Autonomie)	Freiheit (i. S. v. Macht)
favorisiertes Staatsmodell	Republik	Königreich
Ort der denkbaren Realisierung	Deutschland	Jerusalem/Palästina; Paris, London; Österreich
Verwirklichung der Pläne	realistisch? idealistisch?	eher unrealistisch, absurd
Positiv/negativ bewertet?	(eher) positiv	negativ

TAFELBILD 2b

Figurencharakterisierung im Drama

- Figurencharakterisierung wird von ›außen‹ nach ›innen‹ erstellt
- im Unterschied zur Erzählung keine direkte (auktoriale) Beschreibung im Zusammenhang möglich

Direkte Charakterisierung:
- in Regieanweisungen (in Klammern und kursiv)
- in Figurenrede (aber Vorsicht: interessengeleitet, Figurenperspektive)

Indirekte Charakterisierung:
- Handlungs- und Redeweise der Figur
- Monolog (von anderen Figuren nicht beobachtet, gibt die Figur oft ihre wahren Motive und Ziele preis)

Schülern neben Stichworten zur Charakterisierung von Franz und Karl Moor zugleich ein allgemeines Aufbauschema zur Charakterisierung einer literarischen Figur ›von außen nach innen‹ an, also von äußeren Merkmalen und Handlungen hin zu Wesenszügen und Wert- bzw. Weltvorstellungen.

Arbeitsauftrag:
- Vergleichen Sie Franz und Karl Moor. Welche Gemeinsamkeiten und welche Unterschiede stellen Sie fest?

Erläuterungen. Im Unterschied zu einem Erzähler kann der Dramatiker seine Figuren nicht direkt beschreiben. Allerdings kann schon den Regieanweisungen und Nebentexten (in Klammern, kursiviert) Angaben über das Verhalten, die Gestik und Mimik der Personen entnommen werden. Daneben können sich die Zuschauer im Theater oder die Leserinnen und Leser des Dramas an dem orientieren, was sie auf der Bühne sehen und was sie aus dem Munde der Figuren hören. Um eine Charakterisierung zu verfassen, kann man sich der Informationen bedienen, die beispielsweise eine Figur über eine andere vermittelt, in diesem Fall gibt die Figur Anhaltspunkte für eine *direkte* Charakterisierung der anderen. Eine optimale »Fundstelle« bietet der Monolog, dessen Funktion und Möglichkeiten bereits im Zusammenhang mit Franz Moor behandelt worden sind (s. Unterrichtsschritt 1.4). Im Monolog erhält der Zuschauer Einblick in die privaten Motivationen und Absichten einer Figur; nur den Zuschauern, nicht den handelnden Figuren auf der Bühne werden sie bekannt gemacht. Die häufigste Form jedoch, auf die bei der Charakterisierung zurückgegriffen werden kann, bietet die *indirekte*, die sich an dem ablesen lässt, was eine Person sagt und was sie tut. Da hier dem Zuschauer ein beträchtlicher Spielraum der Interpretation ge-

TAFELBILD 2c

Franz und Karl Moor: Brüder, Rivalen, Antagonisten

	Franz	Karl
I,1		
Familiäre Umstände	• zweiter Sohn des alten Grafen von Moor • lebt zusammen mit dem Vater	• erstgeborener und legitimer Nachfolger des Grafen von Moor, Lieblingssohn • hält sich in Sachsen auf, wartet auf Nachricht vom Vater
Äußeres, Eigenschaften	• hässliches Aussehen; zürnt seiner Natur und der Natur im Allgemeinen • betont den Kontrast zu seinem Bruder	• wird als »feuriger Geist«, als offener, sympathischer Mann beschrieben, mit »männlichem Mut« begabt (14,2–7; Fremdcharakterisierung durch Franz)
Ziele, Motivationen	• handelt manipulativ: fingierter Brief, um den Bruder aus der Familie zu verstoßen • verwünscht seinen Bruder und beruft sich auf magische, archaische Kräfte • plant den indirekten Mord am Vater, um die Erbfolge anzutreten: »Herr muss ich sein« ➤ scheut keine Gewalt, strebt die alleinige Macht/Tyrannei an	
I,2		
Ziele, Motivationen		• schimpft über »das schlappe Kastraten-Jahrhundert« und beklagt den häufig zu beobachtenden Widerspruch von Anspruch und Wirklichkeit (21,32–23,9) • beklagt seinen Konflikt zwischen Freiheit und dem Gesetz • formuliert den Anspruch, eine neue, radikale Form einer Republik zu (be-)gründen
Veränderung durch den Brief		• erhält den Brief von der Familie und ist erschüttert • wütet schließlich über die »Blutliebe« (35,2) und überträgt seinen persönlichen Frust auf die Boshaftigkeit aller Menschen ➤ äußert Verachtung gegenüber dem Menschen und schwört allgemeine Rache: »Mörder, Räuber! – […] Ich habe keinen Vater mehr, ich habe keine Liebe mehr, und Blut und Tod soll mich vergessen lehren, dass mir jemals etwas teuer war!« (36,22–28)

lassen wird, ergibt sich daraus auch die Möglichkeit einer komplexen Charakterisierung, bei der in einer Person Charakterzüge vereint sein können, die sich normalerweise gegenseitig ausschließen. Idealerweise lassen sich mehrere dieser Fundstellen auf die grundlegenden Charakterzüge einer Person hin untersuchen, so dass sich ein möglichst umfassendes und vollständiges Bild der Figur ergibt.

2.5 Karl Moors Aufnahme in den Räuberbund als dramatischen Knoten begreifen (I,2)

Unterrichtsschritt. Die Schülerinnen und Schüler rekapitulieren das Ende der Szene I,2 (36,18–37,17) und wenden das erarbeitete Modell zur literarischen Charakteristik auf den Entschluss Karl Moors an, Hauptmann der Räuberbande zu werden. Schriftlich erörtern sie, welche Ursachen seiner Entscheidung zugrunde liegen und welche Konsequenzen diese für den weiteren Handlungsverlauf haben könnte. In die Überlegungen zum Fortgang des Dramas wird auch das handlungssteuernde Potenzial des Schwurs mit einbezogen, den die Räuber ihrem ›gewählten‹ Hauptmann leisten. EA

Hausaufgabe

Vervollständigung der schriftlichen Einzelarbeit (Unterrichtsschritt 2.5) und vorbereitende Lektüre des Zweiten Akts (*Die Räuber*, Reclam XL, 43,1–80,37).

ARBEITSBLATT 2

Zwischen Rebellentum, Kraftmeierei und politischer Vision: Karls Systemkritik

Karls Wutrede (*Die Räuber*, Erster Akt, Zweite Szene):

»[KARL] MOOR. Nein, ich mag nicht daran denken. Ich soll meinen Leib pressen in eine Schnürbrust und meinen Willen schnüren in Gesetze. Das Gesetz hat zum Schneckengang verdorben, was Adlerflug geworden wäre. Das Gesetz hat noch keinen großen Mann gebildet, aber die Freiheit brütet Kolosse und Extremitäten aus. Sie verpalisadieren sich ins Bauchfell eines Tyrannen, hofieren der Laune seines Magens und lassen sich klemmen von seinen Winden. – Ah! dass der Geist Hermanns noch in der Asche glimmte! – Stelle mich vor ein Heer Kerls wie ich, und aus Deutschland soll eine Republik werden, gegen die Rom und Sparta Nonnenklöster sein sollen. *(Er wirft den Degen auf den Tisch und steht auf.)*«

Die Räuber, Reclam XL, 23,12–24

Auszüge aus Jean-Jacques Rousseaus *Gesellschaftsvertrag* (1762):

»Der Mensch ist frei geboren, und überall liegt er in Ketten. Einer hält sich für den Herrn der anderen und bleibt doch mehr Sklave als sie. Wie ist dieser Wandel zustande gekommen? Ich weiß es nicht. Was kann ihm Rechtmäßigkeit verleihen? Diese Frage glaube ich beantworten zu können.«

Jean-Jacques Rousseau, *Vom Gesellschaftsvertrag*, übers. und hrsg. von Hans Brockard, Stuttgart 1977 [u. ö.], S. 5.

»Finde eine Form des Zusammenschlusses, die mit ihrer ganzen gemeinsamen Kraft die Person und das Vermögen jedes einzelnen Mitglieds verteidigt und schützt und durch die doch jeder, indem er sich mit allen vereinigt, nur sich selbst gehorcht und genauso frei bleibt wie zuvor.«

Ebd., S. 17.

»Dieser Akt des Zusammenschlusses schafft augenblicklich anstelle der Einzelperson jedes Vertragspartners eine sittliche Gesamtkörperschaft, die aus ebenso vielen Gliedern besteht, wie die Versammlung Stimmen hat, und die durch ebendiesen Akt ihre Einheit, ihr gemeinschaftliches Ich, ihr Leben und ihren Willen erhält. Diese öffentliche Person, die so aus dem Zusammenschluss aller zustande kommt, trug früher den Namen Polis, heute trägt sie den der Republik oder der staatlichen Körperschaft, die von ihren Gliedern Staat genannt wird, wenn sie passiv, Souverän, wenn sie aktiv ist, und Macht im Vergleich mit ihresgleichen.«

Ebd., S. 18 f.

Arbeitsaufträge:

1. Kennzeichnen Sie die politischen Begriffe und Schlagwörter in Karls Protestrede (s. Auszug oben).
2. Klären Sie mit Ihrer Gruppe das zwiespältige Verhältnis Karls zur Gesellschaft (mündlich). Welche Aspekte kritisiert er an der (politischen) Situation in Deutschland?
3. Lesen Sie auch die Auszüge aus Rousseaus Gesellschaftsvertrag aufmerksam. Welche Vorschläge und Argumente bringt er vor? Notieren Sie auch etwaige Fragen zum Verständnis.

*4. Welche Ähnlichkeiten und Bezüge (auch sprachlicher Art) können Sie im Vergleich von Karls Kritik mit dem Gesellschaftsmodell, das Rousseau entwirft, erkennen/ausmachen?

3 Darstellung und Topografie der ›Räuberbande‹ analysieren (II,3; III,2)

Sachanalyse

Mit seiner Aufnahme in die Räuberbande wird Karl Moor zum Anführer eines rebellischen Männerbunds. Als historisches Vorbild konnte Schiller dabei auf einige Beispiele vagabundierender Räubergruppen zurückgreifen, die Mitte des 18. Jahrhunderts insbesondere in Schwaben, aber auch zwischen Rhein, Main und Donau umherzogen. Der Wirkungskreis und die Verbrechen dieser Banden sind gut dokumentiert.[1]

Karls Räuberbande richtet sich zwar gegen gesellschaftliche Ungerechtigkeiten, praktiziert jedoch mit Mitteln der Gewalt eine Form der Selbstjustiz, die seine Mitglieder zu »Räuber[n]« und »Mörder[n]« (36,14 f.) gleichermaßen macht. War es zunächst Spiegelberg gewesen, der den Freunden die Idee zur Gründung eines Räuberbunds unterbreitet und ein Leben ohne Geld- oder Hungersnöte versprochen hatte, wird Karl schließlich zum Anführer gewählt, weil er mit einer visionären, auf Veränderung zielenden Vorstellung für das gemeinsame Bündnis aufwarten kann.

Seine Wahl zum Räuberhauptmann birgt dabei von Beginn an ein Konfliktpotenzial in sich, das ein Spannungsverhältnis zwischen dem Anspruch und der Wirklichkeit einer radikal integrierten Gemeinschaft aufzeigt. Mit dem vermeintlichen Verstoß aus seiner Familie schlagen Karls anfängliche Reue- in Rachegefühle um, die der ganzen Welt gelten und eine problematische Grundlage für das gerade erst gegründete Bündnis bilden: »Mein Geist dürstet nach Taten, mein Atem nach Freiheit, – Mörder, Räuber! – mit diesem Wort war das Gesetz unter meine Füße gerollt« (36,21–23). Tragischerweise erfüllt sich der in einem Moment größter Erregung ausgesprochene Aufruf zur entgrenzten Gewalt konsequent im Handlungsfortgang, insbesondere durch die in Form von Botenberichten erzählten Taten der Räuber (Razmann, Schwarz, Schweizer, Roller, Schufterle). Zwar bleiben die Aktionen zum Teil einem ehrbaren Gerechtigkeitsverständnis verhaftet: So erfolgen die Plünderungen nicht willkürlich, sondern sollen soziale Ungleichheiten ausgleichen. Der Hauptmann beabsichtigt die Rache an jedem, der »Gesetze falschmünzt« (64,29), und an Halsabschneidern, die sich an anderen und dem Rechtssystem bereichern wollen. Allerdings rechtfertigt der Zweck nicht die brutalen Mittel, und Karls hehre Gesinnung strahlt nicht auf alle Kameraden aus; der Räuberhauptmann trägt auch Verantwortung für seine und die Gewalttaten der Räuber.

Im Zweiten und Dritten Akt werden die »gemischten« Motivationen der Räuberbande durch zwei unterschiedliche Gruppen repräsentiert und an unterschiedlichen Orten szenisch zusammengeführt: in den »*böhmischen Wälder[n]*« (II,3; 59,2) und in einer »*Gegend an der Donau*« (III,2; 85,9). Spiegelberg als Anführer einer anderen Räubergruppe verkörpert im Gespräch mit Razmann (II,3) vor allem bösartige und niedere Motive. Deutlich werden diese anhand seines Berichts vom Überfall auf das Cäcilienkloster. Stolz rühmt Spiegelberg die Massenvergewaltigung der Nonnen durch seine Anhänger, die »ihnen ein Andenken« hinterließen, an dem sie »ihre neun Monate dran zu schleppen« (61,13–15) hätten. Auf der anderen Seite steht der »Räubertrupp« um Karl Moor, der in derselben Szene gerade von einer anderen Aktion zurückkommt. Erfolgreich haben sie Roller, der öffentlich gehängt werden sollte, aus den Händen der Justiz befreien können. Allerdings hatten sie dazu die Dächer der Stadt, »Kirchen und Scheunen« (68,29 f.) mit Feuerpfeilen angezündet und somit viele Zivilisten (vor allem Kranke, Greise, hochschwangere Frauen sowie Kinder) dem Tod geopfert.

Beide Gruppen korrespondieren insofern mit der Topographie der »*böhmischen Wälder*«, als ihre Aktionen auf einen territorialen, rechtlichen und auch zivilisatorisch-gesellschaftlichen Grenzbereich verweisen (was schon die Ortsbeschreibung in I,2, eine »*Schenke an den Grenzen von Sachsen*«, 21,24, betont). In der Auseinandersetzung mit dem Pater, der dem Suchtrupp der Obrigkeit vorausgeschickt wird, ist auch eine moralische Schranke bezeichnet. Indem die Räuber die Verhandlung verweigern, schlagen sie die Möglichkeit zur Rückkehr in die Gesellschaft aus. Geographisch wird das an ihrem Weg aus Sachsen, vermutlich Nähe der Universitätsstadt Leipzig, in Richtung Südosten, über Regensburg (deren Reichsgraf die Bande überfällt) und die »*böhmischen Wälder*« hin zur »*Gegend an der Donau*« sichtbar: Die Räuberaktionen streben in ihrer Bewegung der allmählichen Flucht aus dem Staatenbund des Heiligen Römischen Reichs Deutscher Nation zu.

Einen pointierten Ausdruck des problematischen Freiheitsbegriffs der Räuber gibt schließlich das in IV,5 gesungene »Räuberlied« (s. Kapitel 11.1, Klausurvorschlag 1).

1 Vgl. Günther Kraft, *Historische Studien zu Schillers Schauspiel »Die Räuber«. Über eine mitteldeutsch-fränkische Räuberbande des 18. Jahrhunderts*, Weimar 1959; s. auch Christian Grawe, »Das historische Quellenmaterial«, in: C. G., *Erläuterungen und Dokumente. Friedrich Schiller: »Die Räuber«*, Stuttgart 2009 [u. ö.], S. 135–137.

Unterrichtsverlauf

Überblick. Mit dem Filmtrailer zu *Robin Hood – König der Diebe* (1991) werden die Schülerinnen und Schüler auf eine kulturelle Parallele eingestimmt, die sie für die Ziele und Darstellung der Räuber im Drama sensibilisiert. In gemeinsamer Textarbeit (3.2) ergänzen sie ihre Vorstellung von den Räuberaktionen und bestimmen deren komplexe temporale Ordnung im Handlungsverlauf. Mit dem Botenbericht lernen sie ein rhetorisches Stilmittel und eine wichtige Vermittlungsebene dramatischer Texte kennen. Aus der Ortsbeschreibung und Deutung zentraler Merkmale der Szenengestaltung erschließen sie die Situation und analytisches Hintergrundwissen zum topographischen Konzept der Räuber-Szenen (I,2; II,3; III,2). ! **Verkürzter Verlauf: 3.1 – 3.2 – 3.3 – 3.4**

Phase	Thema	Sozialform	Kompetenzen und Lernziele	Materialien
Voraussetzung: Kenntnis des Zweiten Akts				
3.1	Einstiegsphase: Mit *Robin Hood* eine filmische Parallele kennenlernen	UG	• Eine bekannte kulturelle Parallele zu der im Drama dargestellten Welt verstehen • Filmisches Vorwissen zum Konfliktpotenzial von politischen Gemeinschaften aktivieren • Den Inszenierungscharakter einer medialen Darstellung reflektieren	
3.2	»Es war ein Meisterstreich, Hauptmann!« – die Räuberaktionen rekonstruieren	GA / UG	• Komplexe temporale Ordnungen nachvollziehen: Vorgeschichten vor dem dargestellten Zeitraum • Sprechinstanzen erkennen, die Perspektivträger sind (Spiegelberg, Razmann, Schwarz, Schweizer) • Den Botenbericht als dramatisches Stilmittel kennenlernen	ARBEITSBLATT 3a > S. 29
3.3	Vertiefung: Verkörperungen der (Un-)Moral identifizieren: Karl, Spiegelberg, Razmann, Schwarz, Schweizer, Schufterle	PA / UG	• Einzelne Handlungen und Akteure bewerten • Figuren als Konstrukt und Repräsentanten erfassen können	ARBEITSBLATT 3b > S. 30 TAFELBILD 3 > S. 26
3.4	Den Fluchtweg der Räuber nachvollziehen	UG / LV	• Die Ortsbeschreibungen der Räuber-Szenen erfassen • Ansätze zur Analyse des topographischen Konzepts zu den Räubern verstehen • Diachrone Bezüge ermitteln und zur Interpretation verwenden	VORLAGE 3a > S. 27
3.5 **fakultativ**	Darstellung der Räuberbande und ihrer Flucht in modernen Schreibformen	EA / PA	• Produktive Anwendung des Gelernten in neuer Situation • Informierende bzw. appellierende Texte sachgerecht verfassen	VORLAGE 3b > S. 28
HA	Vervollständigung des Schreibauftrags und Lektüre der Ersten Szene des Dritten Akts			*Die Räuber*, Reclam XL, 81,1–85,7

3.1 Einstiegsphase: Mit *Robin Hood* eine filmische Parallele kennenlernen

UG

Internet-verbindung

Unterrichtsschritt. Mit dem Trailer des Filmklassikers von 1991 *Robin Hood – König der Diebe* (youtu.be/8CfawrN_e5I, Stand: 22.11.2022) wird den Schülerinnen und Schülern eine kaum zweiminütige Sequenz gezeigt, die ihre Vorstellungskraft anregt und dazu inspiriert, ihre Eindrücke von der filmischen Räuberhandlung, ihrer Darstellung und der zeitlich-räumlichen Verortung zu artikulieren. Die im Medium des Films vorgeführten Handlungselemente ermöglichen es der Lerngruppe, ihr Lektürewissen von den ersten zwei Akten der Räuber in einen Dialog mit der thematischen Parallele (»Robin Hood«) zu bringen. Die Qualität der Assoziationen und Verbindungen in der Lerngruppe informiert die Lehrperson zugleich darüber, welche Differenzierungen zwischen dem Plot des Dramas und der filmischen Parallele zu vertiefen sind.

Leitfragen:
- Wovon handelt der Film, worum könnte es gehen? Was wissen Sie über »Robin Hood«?
- An welchen Orten spielt die Handlung und in welcher Zeit?

Erläuterungen. Der US-amerikanische Abenteuerfilm erschien 1991 und gehört zu den erfolgreichsten Filmen der 1990er Jahre. Die Regie führte Kevin Reynolds, die Rolle des Robin Hood wurde mit dem bekannten Schauspieler Kevin Costner besetzt. Die Handlung beruht auf der Legendenbildung um die Figur des Robin Hood: einem aus ehrbaren Motiven handelnden Räuberhauptmann, dessen Legende in der mittelalterlichen und frühneuzeitlichen englischen Balladenliteratur wiederholt behandelt wurde. Die Dichtung reicherte das Bild des edlen Räubers um patriotische und soziale Absichten an wie beispielsweise die Plünderung reicher Bürger, um ihr Hab und Gut an Arme zu verteilen, oder Praktiken der Selbstjustiz, um Vertreter der Obrigkeit für ihre Verbrechen zur Verantwortung zu ziehen. Der Legende nach sammelte Robin Hood eine Schar von vogelfreien und aus der Gesellschaft ausgeschlossenen Menschen um sich und einte sie im Kampf für soziale Gerechtigkeit.

Anknüpfungspunkte für die Beschreibung der Filmsequenz bieten die dargestellten Orte (eine felsige Küste in der Meeresbrandung, eine hügelige, grüne Landschaft mit Bäumen, ein Wald) sowie die dargestellten Kampfhandlungen. Dass die Protagonisten auf Pferden reiten und mit Pfeil und Bogen schießen, deutet auf eine vergangene, spätmittelalterliche Zeit der Handlung hin. Von diesen Aspekten ausgehend, lassen sich Verbindungen zum dramatischen Plot der Räuber herstellen, wie sie den Schülerinnen und Schülern bereits aus dem Zweiten Akt (II,3) bekannt sind.

3.2 »Es war ein Meisterstreich, Hauptmann!« – die Räuberaktionen rekonstruieren

GA / UG
ARBEITSBLATT 3a
➤ S. 29

Unterrichtsschritt mit Erläuterungen. Die Schülerinnen und Schüler untersuchen die Szene II,3, in der die beiden Räubergruppen um Moritz Spiegelberg und Karl Moor nach verschiedenen Zwischenhandlungen wieder aufeinandertreffen. Anhand der Berichte von Spiegelberg, Razmann, Schwarz, Schweizer/Roller und Schufterle (60,7–61,15; 64,10–65,24; 65,33–66,25; 68,10–71,29) rekapitulieren die Schülerinnen und Schüler in Gruppenarbeit die Geschehnisse und den zeitlichen Verlauf der Räuberaktionen. Die Chronologie der Ereignisse wird von den Schülerinnen und Schülern mithilfe der Zeitleiste auf dem ARBEITSBLATT 3a ***»Es wird in der Näh was gesetzt haben!« Die Chronologie der Räuberaktionen*** bestimmt. Im Unterrichtsgespräch werden die Ergebnisse der Kleingruppen überprüft und zusammengeführt. Dabei wird auch auf die dramaturgische Funktion des Botenberichts eingegangen als Möglichkeit, dem Publikum vergangene und nicht auf der Bühne darstellbare Ereignisse aus der Perspektive einer Figur zu vermitteln. Die griechische Tragödie prägte hierfür auch analog das Stilmittel der Teichoskopie (Mauerschau), bei der ein Schauspieler in die Ferne blickt und dem Publikum etwas berichtet, was dieses nicht sehen kann.

Alternative. Gegebenenfalls lassen sich die Botenberichte der verschiedenen Figuren auch verteilt auf die Gruppen bearbeiten.

3.3 Vertiefung: Verkörperungen der (Un-)Moral identifizieren – Karl, Spiegelberg, Razmann, Schwarz, Schweizer, Roller, Schufterle

PA / UG
ARBEITSBLATT 3b
➤ S. 30
TAFELBILD 3
➤ S. 26

Unterrichtsschritt. Die Erschließung und Vergegenwärtigung der Gewaltverbrechen der Räuber erfolgt anhand der Arbeitsaufträge auf dem ARBEITSBLATT 3b ***Verbrechen, Gewalttaten und weitere Vergehen der Räuber (II,3)*** in Partnerarbeit, deren Erträge in Kurzpräsentationen vorgestellt werden. Sie bereiten zugleich das Unterrichtsgespräch vor, in dem die Taten moralisch gewichtet und die Nähe der einzelnen Räuber zu Karl Moors bzw. Spiegelbergs Räubergruppe im TAFELBILD 3 beurteilt werden.

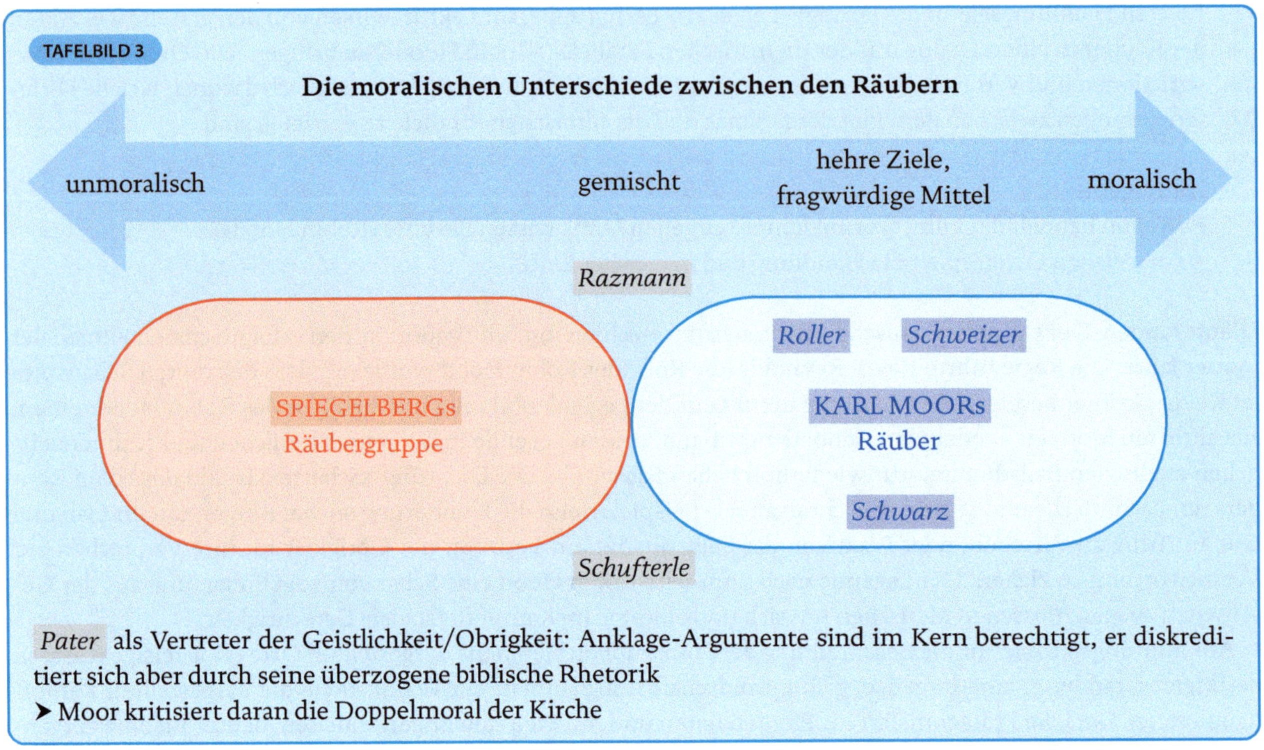

3.4 Den Fluchtweg der Räuber nachvollziehen

UG / LV

VORLAGE 3a
➤ S. 27

Unterrichtsschritt. Im Plenum lesen die Schülerinnen und Schüler den Anfang der Szene III,2 (85,9–88,33) in verteilten Rollen. Anschließend werden Verständnisfragen geklärt und die Lesegruppe dazu angeregt, ihre Aufmerksamkeit auf die bisherigen Orte der Räuber-Szenen zu richten, nämlich die Regie- und Nebenbemerkungen am Anfang von I,2, II,3 und III,2. Anhand der VORLAGE 3a ***Deutschland um 1789***, auf der eine Karte des deutschen Kleinstaatenbundes im späten 18. Jahrhunderts abgebildet ist, bestimmen die Schülerinnen und Schüler die geographischen Punkte der zeitweisen Aufenthaltsorte der Räuber (bis III,2). Anschließend werden die Schülerinnen und Schüler durch einen Lehrervortrag auf Basis der Sachanalyse und der historischen Karte für die Bedeutung der von Schiller gewählten Topographie (d.h. Schillers Konzept von den Spielorten des Dramas) sensibilisiert. Im anschließenden Unterrichtsgespräch sollte die Frage leitend sein, warum Schiller die Räuber so ›grenzüberschreitend‹ darstellt, im wörtlichen und übertragenen Sinn.

Erläuterungen zum Lehrervortrag. Die Lehrperson informiert die Lesegruppe über die historische und politische Situation des deutschen Kleinstaatenbundes am Ende des 18. Jahrhunderts. Dabei nimmt sie eventuell vorhandenes Wissen der Schülerinnen und Schüler mit auf und bindet es in ihren Vortrag mit ein. Die auf der VORLAGE 3a abgebildete Karte zeigt die Kleinteiligkeit der Landesgrenzen innerhalb des Heiligen Römischen Reichs, das wenig später (1806 infolge der Napoleonischen Kriege) aufgelöst werden sollte. Im heutigen räumlichen Verständnis dies- und jenseits der Staatsgrenzen der Bundesrepublik spielte die Handlung seinerzeit inmitten der deutschen Fürstentümer und der kulturell im Entstehen begriffenen deutschen Nation. Gleichzeitig betonen die Schauplatzwechsel von Sachsen nach Bayern und weiter nach Böhmen den in vielerlei Hinsicht grenzüberschreitenden Charakter der Räuberbande. Das im Vortrag vermittelte Hintergrundwissen lässt die Lerngruppe somit weitere epochenspezifische (vgl. Kapitel 2), diachrone Bezüge des Dramas erfahren und zur Interpretation verwenden.

3.5 Darstellung der Räuberbande und ihrer Flucht in modernen Schreibformen (fakultativ)

EA / PA

VORLAGE 3b
➤ S. 28

Unterrichtsschritt mit Erläuterungen. Die Schülerinnen und Schüler vertiefen ihre Erkenntnisse, indem sie sich in die Rolle eines Journalisten, einer Bloggerin, eines politisch engagierten Bürgers o.Ä. versetzen und informierende oder appellierende Texte (Bericht, [Audio-]Reportage, Flugblatt, Blog, Posting in Social Media usw.) zu den Übergriffen der Räuber verfassen. Unterschiedliche Arbeitsaufträge (Vorschläge auf

VORLAGE 3a

Deutschland um 1789

Das Heilige Römische Reich um 1789. – (Ausschnitt, vereinfacht)

VORLAGE 3b *Schreibauftrag: mögliche Rollen*) ermöglichen die Darstellung aus mehreren Perspektiven und eine aktuelle Schwerpunktsetzung. Die ambivalente Thematik einer in Selbstjustiz agierender (Kampf-)Gruppe kann durch diese Form eines situierten Lernens auf konkrete Weise erfahrbar gemacht werden (Binnendifferenzierung!).

Dieser Unterrichtsschritt kann auch in die Hausaufgaben verlagert werden.

VORLAGE 3b

Schreibauftrag: mögliche Rollen

- Schreiben Sie als Auslandskorrespondent einer Zeitung einen Bericht / eine Reportage über die Gewalttaten der Räuber. Stützen Sie sich dabei besonders auf die Auftritte II,3 und III,2. (Alternative: Eine Rundfunk- bzw. Audioreportage / eine Podcast-Folge produzieren.)
- Gestalten Sie als Befürworter und Aktivist bzw. Gegner der Räuberaktionen ein Flugblatt oder verfassen Sie einen Kommentar (Glosse, Kolumne, Posting auf Social Media).
- Formulieren Sie eine Reisewarnung des Auswärtigen Amtes für Reisen an die Grenzen von Sachsen, die böhmischen Wälder bzw. an der Donau.

Hausaufgabe

Gegebenenfalls Vervollständigung des Schreibauftrags aus Unterrichtsschritt 3.5 und vorbereitende Lektüre der Ersten Szene des Dritten Akts (*Die Räuber*, Reclam XL, 81,1–85,7).

ARBEITSBLATT 3a

»Es wird in der Näh was gesetzt haben!« Die Chronologie der Räuberaktionen

(Zweiter Akt, Dritte Szene)

Vergangenheit

Zeitpunkt der Handlung in I,2 *Schenke an den Grenzen von Sachsen*

- Karl Moor im Dialog mit Spiegelberg
- Gründung der Räuberbande mit Moor als Hauptmann (»Wir schwören dir Treu und Gehorsam bis in den Tod!«; 36,36 f.)

Spiegelberg rekrutiert Räuber für seine Truppe (vgl. Spiegelberg, S. ....)

- ....
- ....
- ....

Überfall auf das Cäcilienkloster (vgl. Spiegelberg, S. ....)

- ....
- ....
- ....

parallele Handlung

Überfall auf den Grafen von Regensburg und seine Ermordung (vgl. Razmann, S. ....)

- ....
- ....
- ....

Karl Moor erfährt von Rollers Verurteilung (vgl. Schwarz, S. ....)

- »erst gestern erfährt er's«
- »itzt hat er einen Eid geschworen«

Gegenwart

Zeitpunkt der dramatischen Handlung in II,3

- Schweizer (68,10): ....
- ....

Arbeitsauftrag:

Rekonstruieren Sie die Räuberaktionen der beiden Truppen um Spiegelberg und Karl Moor in ihrem zeitlichen Verlauf. Ergänzen Sie die fehlenden und weitere Informationen gemäß der Berichte von Spiegelberg, Razmann, Schwarz, Schweizer bzw. Roller und Schufterle (Reclam XL, 60,7–61,15; 64,10–65,24; 65,33–66,25; 68,10–71,29).

ARBEITSBLATT 3b

Verbrechen, Gewalttaten und weitere Vergehen der Räuber (II,3)

Spiegelberg	• Verleumdung eines »Wurmdoktors«, Falschaussage und Denunziation, die mit der Erhängung des Unschuldigen endete • Anwerbung von »achtundsiebenzig[] meistens ruinierte[n] Krämer[n], rejizierte[n] Magister[n] und Schreiber[n] aus den schwäbischen Provinzen« für seine Räubergruppe / organisierte Kriminalität; Nötigung und Erpressung • Anstiftung zum Überfall, zur Plünderung eines Klosters und der Massenvergewaltigung von Frauen
Karl Moor	
Razmann	
Schwarz	
Schweizer	
Roller	
Schufterle	

Arbeitsaufträge:

1. Ordnen Sie die bis zum Ende des Zweiten Akts bekannten Verbrechen, Gewalttaten und Vergehen der Räuber den einzelnen Figuren zu (wenn möglich) und tragen Sie sie in die Übersicht ein.
2. Welche dramatische Figur ließe sich abseits der Räuberbande darin noch ergänzen?

*3. Notieren Sie außerdem schriftlich die Anklagepunkte, die der Pater Karl Moor gegenüber anführt. Sind sie berechtigt? Beziehen Sie in Ihre Überlegungen auch die Reaktion des Räuberhauptmanns mit ein.

4 Amalias Klage verstehen und interpretieren (II,2; III,1)

Sachanalyse

Als einzige weibliche Figur im Drama bleibt Amalia von Edelreich bis zum Dritten Akt eher passiv. Das lässt sich nicht nur aus einer modernen Perspektive kritisieren, der man einen anachronistischen Blick unterstellen könnte. Auch Schiller selbst reflektierte die begrenzten Handlungs- und Entwicklungsmöglichkeiten Amalias in einer anonymen Selbstrezension im *Württembergischen Repetitorium*. Dort wies er darauf hin, dass »ihr Geliebter bis zur letzten Zeile des – dritten Akts kein halbes Wörtchen von ihr fallen«[1] lasse. Mit viel Selbstironie kritisierte er außerdem, er wüsste nicht, »was das Mädchen will, oder was der Dichter mit dem Mädchen gewollt hat« und er »ahnde auch nicht was etwa mit ihr geschehen könnte«[2]. Tatsächlich irritiert es, dass die schon vor der Dramenhandlung angesetzte Verbindung zwischen Karl und Amalia wiederholt nur von ihrer Seite aus angesprochen wird. So tritt sie zwar in der Dritten Szene des Ersten Akts mit Selbstbewusstsein auf und wehrt Franz' Anbiederungen energisch ab. Allerdings erweisen sich ihre Handlungsoptionen in der Folge als begrenzt, da ihr in erster Linie die dramatische Funktion erwächst, Karls Braut zu verkörpern. Als Ziehtochter des alten Moor ist es ihre Aufgabe, die familiäre Verbindung zwischen Karl und dem Moorischen Schloss aufrechtzuerhalten und den Manipulationsversuchen und Besitzansprüchen seines Bruders entgegenzutreten. Dies allerdings erfüllt sie mit viel Standhaftigkeit und Scharfsinn; als erste im Familienkreis durchschaut sie Franz' Absichten und spricht ihn auf sein doppeltes Spiel an: »O ich bitte dich – bedauerst du deinen Bruder? – Nein, Unmensch, du hassest ihn!« (I,3; 38,5 f.) Auch hält sie an Karl fest, nachdem Franz den Vater ausgeschaltet zu haben glaubt und des Bruders Rang eingenommen hat. Obwohl Karl aus der dynastischen Erbfolge verdrängt ist, hält Amalia ihm die Treue: »so hat die Welt sich umgedreht, Bettler sind Könige, und Könige sind Bettler!« (42,19 f.)

Dass sie mit der Zeit aber daran zweifeln muss, ob Karl noch lebt, zeigt sich verdichtet im Spiel auf dem Klavier bzw. der Laute. Mehrfach sind Amalias Auftritte von musikalischen Darbietungen begleitet. Am Sterbebett des Alten Moor im Zweiten Akt lässt Amalia erstmals das »Hektorlied« erklingen (II,2; 50,27: »Willst dich, Hektor, ewig mir entreißen«), welches auf eine der berühmtesten Abschiedsszenen der griechischen Mythologie anspielt (und im Vierten Akt wiederholt zitiert wird). Zu Beginn des Dritten Akts stimmt sie ein weiteres Klagelied an. Durch die lyrischen Einschübe gerät immer wieder das Innenleben der (weiblichen) Hauptfigur in den Fokus, wird die Handlung unterbrochen und das Tempo verlangsamt. In der Wahl und Adaption der poetischen Stoffe zeigt sich dabei ein Stil- und Epochenmix, der eine Verbindung zwischen mythologischen Referenzen wie Homers *Ilias* und der sogenannten Erlebnisdichtung des Sturm und Drang schafft. Dabei bietet Amalias Klagelied zu Beginn des Dritten Akts die Möglichkeit zur genaueren rhetorischen Analyse.

Als Auftakt zum Dritten Akt stimmt die Szene auf den Höhepunkt des Dramas ein, Karls Gesinnungswandel und seine Rückkehr zum Schloss. Umgekehrt besinnt sich Karl erst spät auf Amalia zurück; so muss erst Kosinsky zu den Räubern hinzustoßen, um ihn an seine Geliebte zu erinnern. Im unmittelbaren Handlungszusammenhang bereitet Amalias Klage vielmehr den Auftritt von Franz vor. Umso kritischer muss hinterfragt werden, dass Amalias Rolle auf Karl und dessen Bruder verwiesen bleibt – ein emanzipierter Lebensentwurf bleibt ihr verwehrt (was hinsichtlich der historischen Geschlechterrolle der Frau jedoch als realistisch betrachtet werden kann). Die einzige Alternative wird durch Franz vorgebracht, der droht, sie in »Kloster und Mauren« (III,1; 83,2) zu verbannen. Amalia findet an dem Vorschlag sogar Gefallen, da sie auf diese Weise ja von seinem »Basiliskenanblick auf ewig verschont« wäre und »Muße genug« hätte, »an Karln zu denken« (83,4 f.). Dass sie am Ende des Dramas aber von eben demselben getötet wird, zeigt bei aller Liebe dann doch auf, wie es um die Handlungsoptionen einer jungen Frau im Drama des 18. Jahrhunderts bestellt ist: ihre Funktion besteht vor allem darin, die fühlende Seite des Protagonisten zu markieren und die (Un-)Möglichkeit seiner Rückkehr in die bürgerliche Ordnung zu repräsentieren.

1 Friedrich Schiller, »Die Räuber – Ein Schauspiel (1782)«, in: *Schillers Werke. Nationalausgabe*, Bd. 22, hrsg. von Herbert Meyer, Weimar 1958, S. 115–131, hier S. 125. Abgedruckt auch in Christian Grawe, *Erläuterungen und Dokumente. Friedrich Schiller: »Die Räuber«*, Stuttgart 2009 [u. ö.], S. 181–200, hier S. 193.

2 Ebd.

Unterrichtsverlauf

Überblick. Anhand von zwei bekannten Porträts ergänzen die Schülerinnen und Schüler eigene Kenntnisse zu Friedrich Schiller und lernen eine zeitgenössische Darstellung des Dichters kennen. Durch die Diskussion der Bilder wird die Lerngruppe dazu angeregt, künstlerische Stilisierungen zu erkennen und zu hinterfragen. Am Beispiel Amalias wird dieser Zugriff sodann textuell, an den lyrischen und musikalischen Darbietungsformen innerhalb des Dramas erprobt. Dabei treten Verständnisfragen auf, die dazu anregen, den Rhythmus und die mythologischen Vorlagen der Klagelieder zu erschließen. Die erarbeiteten Handlungskonzepte zur einzigen weiblichen Figur im Drama bieten schließlich Gelegenheit, ihre Entwicklungsmöglichkeiten kritisch zu bewerten. **! Verkürzter Verlauf: 4.1 – 4.3 – 4.4 – 4.5**

Phase	Thema	Sozialform	Kompetenzen und Lernziele	Materialien
Voraussetzungen: Kenntnis des Dritten Akts				
4.1	Einstiegsphase: Wer ist Amalia von Edelreich?	UG	• Bildbeschreibung und -deutung üben • Textkenntnis aktivieren • Aspekte der Figurencharakterisierung wiederholen	VORLAGE 4a › S. 33
4.2 fakultativ	›Klassische‹ Abschiedsszenen: Das Hektorlied und seine antike Vorlage in Homers *Ilias*	UG / GA	• Hintergrundwissen zur mythologischen Vorlage erfahren • Motiv der Antike vergleichend deuten	ARBEITSBLATT 4a › S. 38 f.
4.3	Amalias Lautenspiel, ein Strophengedicht (III,1)	UG / LV	• Erschließungstechniken für metrisch gebundene Texte erlernen • Die dramaturgischen Funktionen eines lyrischen Einschubs bestimmen	VORLAGE 4b › S. 35
4.4	Vertiefung: Den rhetorischen Stil des Klagelieds herausarbeiten und interpretieren	UG / EA	• Inhaltliche und formale Sinnzusammenhänge zwischen den Einheiten des Textes herstellen • Rhetorische Stilmittel (er-)kennen • Die Funktion des Lieds für die Szene erkennen	VORLAGE 4c › S. 36 ARBEITSBLATT 4b › S. 40
4.5	Amalia – eine stereotype Figur? Schillers kritische Selbstrezension	PA / UG	• Die Rezension als Textform reflektieren • Innerhalb und außerhalb von zugewiesenen Rollen ein komplexes Thema bewerten, erörtern und zu einem fundierten Standpunkt gelangen	ARBEITSBLATT 4c › S. 41
HA	Vorbereitende Lektüre der Zweiten Szene des Dritten Akts und der ersten drei Szenen des Vierten Akts			*Die Räuber*, Reclam XL, 85,1–109,16

4.1 Einstiegsphase: Wer ist Amalia von Edelreich?

UG

VORLAGE 4a
› S. 33

Unterrichtsschritt mit Erläuterungen. Der Lerngruppe wird als Impuls VORLAGE 4a ***Amalia von Edelreich*** gezeigt. Die Schülerinnen und Schüler werden aufgefordert, Assoziationen zu formulieren. Die Textkenntnisse zu Amalia werden im Unterrichtsgespräch zusammengetragen. Sofern nötig, weist die Lehrkraft noch einmal auf die relevanten Szenen hin: I,1 (Amalia lebt im Moorischen Schloss und ist mit Karl verlobt); I,3 (Franz' Versuch der Annäherung und ihre Zurückweisung); II,2 (Amalia und Vater Moor); III,1 (erneuter Annäherungsversuch von Franz, Erkenntnis, dass Karl noch lebt). Das Szenenfoto aus der Inszenierung der *Räuber* von Leander Haußmann im Berliner Ensemble (2016) eignet sich, um eine vorläufige Charakterisierung Amalias anzustoßen. Die Schattenbilder im Hintergrund lassen sich für die Erörterung ihres Verhältnisses zu den drei Männern der Familie Moor, also eine erste Beschreibung der Figurenkonstellation, nutzen.

Zur Sprache kommen sollte: Amalia ist eine Adlige, die im Schloss der Familie Moor lebt, ihr (Familien-)Name ist Programm: sie ist jung, impulsiv, ehrlich, treu und in gewissem Umfang eine gute Beobachterin (sie durchschaut Franz' Intrige, glaubt aber, dass Karl tot ist). Sie ist mit Karl verlobt, lehnt Franz' Aufdringlichkeit ab und hat ein vertrauensvolles Verhältnis zum alten Moor.

VORLAGE 4a

Amalia von Edelreich

Antonia Bill als Amalia von Edelreich in der Inszenierung der Räuber von Leander Haußmann im Berliner Ensemble 2016. – Foto: IMAGO / Martin Müller

4.2 ›Klassische‹ Abschiedsszenen: Das Hektorlied und seine antike Vorlage in Homers *Ilias* (fakultativ)

UG / GA

ARBEITSBLATT 4a

➤ S. 38 f.

Unterrichtsschritt. In verteilten Rollen liest die Lerngruppe den Anfang der Szene II,2 (48,28–51,28), in der Amalia das »Hektorlied« vorträgt. Dabei treten Fragen zum Verständnis auf, die mithilfe der lexikalischen Anmerkungen beantwortet werden und zur griechischen Mythologie um die Stadt Troja hinführen. Mit Homers *Ilias* begegnen die Schülerinnen und Schüler einer antiken Episode aus dem Trojanischen Krieg, den der griechische Dichter in einem Epos von 24 Gesängen vor etwa zweieinhalb Jahrtausenden literarisch verarbeitete. Die Bedeutung der von Amalia in den *Räubern* musikalisch dargebotenen Abschiedsszene zwischen Andromache und Hektor, dem Prinzen von Troja und seiner Gattin, wird der Lerngruppe mit einem Text aus der *Ilias* als Kontrastfolie vermittelt (ARBEITSBLATT 4a *Homer: »Ilias«, 6. Gesang, V. 402–502*). Aus der Erfassung der Situation und Topografie heraus wird zunächst im Unterrichtsgespräch geklärt, warum das Paar sich trennen muss und welche Rolle Hektor im Trojanischen Krieg spielte. In der Gruppenarbeit setzen sich die Schülerinnen und Schüler näher mit Homers Gesang als einer bekannten Vorlage für Schillers Bearbeitung auseinander. Der Vergleich des Textauszugs mit Amalias Gesang im Zweiten Akt bereitet eine anspruchsvolle Transferleistung vor, deren Ziel es ist, die verschiedenen Bedeutungsebenen des Motivs in der Szene zu erfassen. Die Ergebnisse werden im Unterrichtsgespräch vorgestellt und diskutiert.

Erläuterungen zum ARBEITSBLATT 4a. Hektor wird in Homers *Ilias* als der Sohn von Priamos, dem König von Troja, und seiner Frau Hekabe eingeführt. Im 6. Gesang ist Hektor im Begriff, in den Krieg zu ziehen, um als Anführer die Stadt gegen die Achäer zu verteidigen. Der Textauszug handelt von Hektors Abschied von seiner in Tränen aufgelösten Gattin Andromache und dem gemeinsamen Sohn Astyanax. Der bevorstehende Krieg trennt das Liebespaar und lässt in beiden das Bewusstsein um die Sterblichkeit des Helden aufkommen. Da sie Hektors Tod fürchtet (der auch tatsächlich eintritt), versucht Andromache ihren Mann davon abzuhalten, die sicheren Mauern der Stadt zu verlassen und in den Krieg zu ziehen. Im Verlauf der Schlachten und dem abschließenden Kampf zwischen Hektor und Achilleus spielen die Götter der griechischen Mythologie eine große Rolle. Während Hektor von Apollon geschützt wird, dem Gott des Lichts und der Heilung, ist Achilleus ein Urenkel Zeus', dem obersten olympischen Gott. Zur Auseinandersetzung zwischen Achilleus und Hektor kommt es, da Hektor dessen Vetter Patroklos getötet hat. – Obwohl diese Ereignisse in Homers Epos erst nach der Abschiedsszene zwischen Hektor und Andromache stattfinden, werden sie von Schiller in Amalias Klavierspiel bereits angedeutet und vorweggenommen. Amalia beklagt dort bereits in der ersten Strophe, dass »des Äaciden mordend Eisen« – das heißt, Achilleus – »[d]em Patroklus schröcklich Opfer« bringen, also dessen Tod an Hektor rächen werde. Außerdem schließt sie, dass man sich erst »in Elysium«, d. h. im Jenseits wiedersehen werde. Amalias Lied von Hektor erklärt sich im Drama auf der Textebene dadurch, dass sie es in Erinnerung an Karl spielt, mit dem sie es während ihrer Jugendzeit auf dem Moorischen Schloss oft gemeinsam gesungen hat (vgl. 50,36 f.). Darüber hinaus aber eröffnet es durch die Reinszenierung des Abschieds zwischen Andromache und Hektor eine weitere Ebene, da es Amalia nun tatsächlich in einem Moment anstimmt, als sie glaubt, für immer von Karl getrennt zu sein. Schiller integriert das aus der *Ilias* stammende Motiv in Amalias Klavierspiel, da ihre Gefühlslage, der Liebeskummer um Karl, in Andromaches Abschiedsschmerz zur Deckung kommt. Implizit nimmt das Lied bereits den Niedergang der Moorischen Grafschaft vorweg.

4.3 Amalias Lautenspiel, ein Strophengedicht (III,1)

UG / LV

VORLAGE 4b
➤ S. 35

Unterrichtsschritt. Die Lerngruppe vergegenwärtigt sich kurz den Inhalt der Szene III,1 im Unterrichtsgespräch. Ein Schüler oder eine Schülerin liest das von Amalia gesungene Lied zu Beginn der Szene vor (81,4–23). Gegebenenfalls aufkommende Schwierigkeiten beim Vortrag und für das lexikalische Verständnis des Textes werden thematisiert und kurz geklärt. Gemeinsam wird der besondere Status des Liedtextes bestimmt, der von der ungebundenen Dialogform des Dramas abweicht. Das von der Lerngruppe eingebrachte Vorwissen wird ggf. durch den Lehrervortrag ergänzt, der anhand der VORLAGE 4b ***Amalias Gesang: Ein Strophengedicht*** über die lyrische Gattung und ihre Merkmale informiert.

Leitfragen:

1. Wovon handelt das von Amalia mit Lautenspiel vorgetragene Lied?
2. Welche formalen Eigenschaften weist der Text auf? Beschreiben Sie seine Struktur.
3. Welche rhythmischen, sprachlichen und lautlichen Besonderheiten fallen Ihnen auf?

*4. In welcher Situation singt Amalia das Lied und welche Funktion könnte es für den dramatischen Handlungsverlauf haben?

4.4 Vertiefung: Den rhetorischen Stil des Klagelieds herausarbeiten und interpretieren

UG / EA

VORLAGE 4c
➤ S. 36
ARBEITSBLATT 4b
➤ S. 40

Unterrichtsschritt. Im letzten Unterrichtsschritt haben die Schülerinnen und Schüler ein Hintergrundwissen zur lyrischen Textgattung entwickelt. Im Gespräch über die künstlerische Stilisierung des Liedes werden nun als weiterer Aspekt lyrischer Texte anhand der VORLAGE 4c ***Rhetorische Stilmittel (Auswahl)*** die wichtigsten rhetorischen Mittel wiederholt. Die Schülerinnen und Schüler erproben diese Erschließungstechniken in Einzelarbeit, indem sie anhand von ARBEITSBLATT 4b ***Amalias Klagelied (Dritter Akt, Erste Szene)*** die zentralen Gestaltungsmerkmale des Lieds herausarbeiten. Ihre Ergebnisse können im anschließenden Unterrichtsgespräch zusammengeführt und gesichert werden.

Erläuterungen zum ARBEITSBLATT 4b. Amalias Gesang zum Lautenspiel ist ein fünfstrophiges Lied (mit je vier Verszeilen). Es weist einen Kreuzreim auf, der die Verbundenheit des Paares – Karl und Amalia – sprachlich abbildet. Dabei spiegelt der Inhalt Amalias Gefühlslage wider, die als melancholisch und sehnsuchtsvoll beschrieben werden kann. In der ersten Strophe erinnert sich Amalia an die Schönheit und den »mild[en] […] Blick« ihres

VORLAGE 4b

Amalias Gesang: Ein Strophengedicht

Die lyrische Textgattung

Gattungen		
Lyrik	*Epik*	*Dramatik*
Von griech. *lyra* ›Leier‹, also ursprünglich: Gesang zur Leier, z. B. »Hektorlied« (II,2)	Erzählende Texte (griech. *epos* ›Wort, Erzählung‹), z. B. Roman, Kurzgeschichte	Theaterstück (griech. *drama* ›Handlung‹), z. B. *Die Räuber*

Lyrische Texte

Gedichte, sprachlich ›gebundene‹ Texte mit einer formalen Struktur:

- z. B. Gliederung in *Verse* und *Strophen*
- z. B. Verwendung von *Reimen*
- z. B. Verwendung von festen *Metren*

Verse und Strophen

Ein Gedicht besteht oft aus Versen und Strophen:

- *Vers:* eine einzelne Gedichtzeile, meistens mit einem bestimmten Metrum, manchmal aber auch frei
- *Strophe:* mehrere Verse bilden eine Strophe, Strophen korrespondieren oft durch lautliche, rhythmische und stilistische Besonderheiten, z. B. durch ein Reimschema. Es gibt aber auch Gedichte ohne Strophenstruktur.

Reime

Paarreim (J. W. Goethe: *Der Erlkönig*)

Dem Vater grauset's; er reitet geschwind,	a
Er hält in Armen das ächzende Kind,	a
Erreicht den Hof mit Mühe und Not;	b
In seinen Armen das Kind war tot.	b

Kreuzreim (Goethe: *Willkomm' und Abschied*)

Es schlug mein Herz, geschwind, zu Pferde!	a
Es war getan fast eh gedacht.	b
Der Abend wiegte schon die Erde,	a
Und an den Bergen hing die Nacht[.]	b

Umarmender Reim / Klammerreim (Eduard Mörike: *Er ist's*)

Frühling lässt sein blaues Band	a
Wieder flattern durch die Lüfte;	b
Süße, wohlbekannte Düfte	b
Streifen ahnungsvoll das Land.	a

Schweifreim: Kombination aus Paarreim und umarmendem Reim (*Hektorlied* in II,2)

Willst dich, Hektor, ewig mir entreißen,	a
Wo des Äaciden mordend Eisen	a
Dem Patroklus schröcklich Opfer bringt?	b
Wer wird künftig deinen Kleinen lehren	c
Speere werfen und die Götter ehren,	c
Wenn hinunter dich der Xanthus schlingt?	b

VORLAGE 4c

Rhetorische Stilmittel (Auswahl)

Akkumulation	lat. ›Anhäufung‹ von Synonymen, Worthäufung
Anapher	griech. ›Wiederaufnahme‹; Wiederholung am Anfang einer Verseinheit
Epipher	Gegenstück zur Anapher; Wiederholung am Ende einer metrischen Einheit
Alliteration	Wiederholung des Anlauts (Anfangsbuchstabens) aufeinanderfolgender Betonungen
Assonanz	lat. ›Anklang‹; Gleichklang der Vokale, z. B. »die rote Sonne über Soho«
Ellipse	griech. ›Auslassung, Mangel‹; Auslassung wichtiger Satzteile, etwa durch Gedankenstriche
Exclamatio	Ausruf, z. B. »Sklaven und Memmen!« (36,8 f.)
Anakoluth	Satzbruch, Unterbrechung des syntaktischen Gefüges, z. B. »dieser Kerl, dem zeig ich's«
Chiasmus	Überkreuzstellung der Wort- und Gedankenfolge, z. B. »Die Kunst ist lang, und kurz ist unser Leben«
Parallelismus	Wiederkehr einer Wort- und Gedankenstellung
Inversion	lat. Umstellung, z. B. »der Glocken Klang« (statt »der Klang der Glocken« bzw. Glockenklang)
Antithese	lat. Gegensatz, z. B. »Franz, […] der Gefürchtete, erklärt sich freiwillig für Amalias Sklaven« (82,22–24)
Klimax	Steigerung, z. B. »Ich habe keinen Vater mehr, ich habe keine Liebe mehr, und Blut und Tod soll mich vergessen lehren, dass mir jemals etwas teuer war!« (36,26–28)
Metapher	uneigentlicher Ausdruck mithilfe eines Begriffs aus einem anderen Bereich, z. B. »diesen Morgen ist er dem Teufel Extrapost zugefahren« (66,10 f.)
Oxymoron	Verbindung von scheinbar Widersprüchlichem, z. B. »bittersüß«, »schwarze Milch«
Pleonasmus	griech. ›Überfluss‹; unnötige Doppelaussage, z. B. »weißer Schimmel«
Parataxe	(Ggs. zu *Hypotaxe*) kurze Aufeinanderfolge von Hauptsätzen, z. B. »Amalia hat ihre Stützen verloren, und ist ein Spiel meines Willens, da kannst du leicht denken – kurz, alles geht nach Wunsch – aber du musst dein Wort nicht zurücknehmen!« (48,16–19)
Tautologie	synonyme Wortwiederholung, z. B. »einzig und allein«; »immer und ewig«

»Engel[s]« Karl. Die zweite und dritte Strophe schildert die Leidenschaft und das ehemals innige Verhältnis der beiden: »Seine Küsse – paradiesisch Fühlen! – / Wie zwo Flammen sich ergreifen, wie / Harfentöne ineinander spielen / Zu der himmelvollen Harmonie«. Während die vierte Strophe im stürmischen Aufeinandertreffen und in der metaphorischen Verschmelzung der Liebenden kulminiert, baut die darauffolgende, letzte Strophe die Spannung jedoch umgehend wieder ab. Von der ersten Verszeile an dominiert hier die Ahnung, dass der Geliebte bereits verloren sei: »vergebens ach! vergebens / Stöhnet ihm der bange Seufzer nach.«

Die Stilmittel betreffend, häufen sich ab der zweiten Strophe elliptische Ausdrücke, die Amalias subjektives Erleben veranschaulichen und ihre erinnerten Erfahrungen auch rhythmisch zusammendrängen. Motivisch schließt der lyrische Einschub an die Sprachbilder des Sturm und Drang an: ähnlich wie schon in Goethes Gedicht *Willkomm' und Abschied* klopft »Herz an Herz« vor Erregung. Auf das Aufeinandertreffen der Liebenden folgt auch ihre seelische Zusammenstimmung; der *coup de foudre* und das innige Einvernehmen fallen in einer entgrenzenden, überwältigenden Liebeserfahrung in eins (was auch das Enjambement als die syntaktische Zusammengehörigkeit der letzten Verszeile der dritten Strophe und die erste der vierten Strophe zeigt: »Zu der himmelvollen Harmonie, / »Stürzten, flogen, rasten Geist und Geist zusammen«).

Dass diese Liebe und das »paradiesisch Fühlen« aber unwiederbringlich seien, stellt Amalia bereits mit ihrer Tempuswahl in der ersten Strophe klar: »Schön vor allen Jünglingen war er«, singt sie, und trauert damit um Karl, den sie verloren glaubt. Die letzte Strophe, in der sie in die Gegenwart springt, drückt diesen Bruch aus: »Er ist hin«.

Das Lied ist eine Form des Monologs. Es gibt den Zuschauenden zu Beginn der Szene Auskunft über die innere, emotionale Lage Amalias. Das von ihr ausgedrückte Spannungsverhältnis zwischen bleibender Liebe zu Karl und (vermeintlichem) Wissen bzw. Trauer um seinen Tod motiviert ihr im Folgenden ebenfalls emotional geprägtes Verhalten gegenüber Franz und ihre Erregung am Ende, als sie erfährt, dass Karl noch lebt.

4.5 Amalia – eine stereotype Figur? Schillers kritische Selbstrezension

PA / UG

Unterrichtsschritt mit Erläuterungen. Gemeinsam liest die Lerngruppe einen Auszug der von Friedrich Schiller verfassten und 1782 anonym veröffentlichten Selbstrezension (s. ARBEITSBLATT 4c ***Schillers anonyme Selbstrezension im Württembergischen Repetitorium (Auszug)***). Der kritische Kommentar des Dramatikers zur einzigen weiblichen Figur inspiriert die Schülerinnen und Schüler dazu, ihre eigenen Lesarten zu Amalia zu artikulieren und in eine Bewertung einzubringen. In Partnerarbeit identifizieren sie die Argumente, die Schiller formuliert, und beurteilen ihre Relevanz für eine positive bzw. negative Einordnung der Figur. In gemeinsamer Textarbeit (s. Arbeitsaufträge) ergänzen und überprüfen sie ihre Vorstellungen von den geschlechtsspezifischen Zuschreibungen, die das Drama sowie Schillers Selbstrezension entwirft. Dabei wird das Ende des Dramas nur optional in die Beurteilung mit einbezogen, da dieses Textwissen noch nicht für die gesamte Lesegruppe vorausgesetzt werden kann. Der Anstoß zum Unterrichtsgespräch kann erfolgen über Amalias scheinbare Euphorie darüber, ihr Leben »in Kloster und Mauren« zu verbringen, wie sie im Gespräch mit Franz (III,1; 83,3) behauptet. Orientierung und Hinweise zur (genderbezogenen) Beurteilung der Figur gibt die Sachanalyse.

ARBEITSBLATT 4c
› S. 41

Hausaufgabe

Vorbereitende Lektüre der Zweiten Szene des Dritten Akts und der ersten drei Szenen des Vierten Akts (*Die Räuber*, Reclam XL, 85,8–109,16).

Homer: *Ilias*, 6. Gesang, V. 402–502

(in Auszügen)

Die Griechen belagern Troja. Der Trojaner Hektor nimmt Abschied von seiner Frau Hekabe und seinem Sohn Astyanax.

»Hektor nannte den Sohn Skamandrios, aber die andern
Nannten Astyanax ihn; denn allein schirmt' Ilios Hektor.
Siehe, mit Lächeln blickte der Vater still auf das Knäblein;
Aber neben ihn trat Andromache, Tränen vergießend,
Drückt' ihm freundlich die Hand und redete, also beginnend:
Trautester Mann, dich tötet dein Mut noch! Und du erbarmst dich
Nicht des stammelnden Kindes noch mein, des elenden Weibes.
Ach, bald Witwe von dir! Denn dich töten gewiss die Achaier,
Alle daher dir stürmend! Allein mir wäre das beste,
Deiner beraubt, in die Erde hinabzusinken; denn weiter
Ist kein Trost mir übrig, wenn du dein Schicksal vollendest,
Sondern Weh! Und ich habe nicht Vater mehr noch Mutter! […]
Hektor, siehe du bist mir Vater jetzo und Mutter
Und mein Bruder allein, o du mein blühender Gatte!
Aber erbarme dich nun und bleib allhier auf dem Turme!
Mache nicht zur Waise das Kind und zur Witwe die Gattin! […]
Ihr antwortete drauf der helmumflatterte Hektor:
Mich auch härmt das alles, o Trauteste, aber ich scheue
Trojas Männer zu sehr und die saumnachschleppenden Weiber,
Wenn ich hier, wie ein Feiger, entfernt das Treffen vermeide.
Auch verbeut' es mein Herz; denn ich lernete, tapferen Mutes
Immer zu sein und voran mit Trojas Helden zu kämpfen,
Schirmend zugleich des Vaters erhabenen Ruhm und den meinen!
Zwar das erkenn ich gewiss in des Herzens Geist und Empfindung:
Einst wird kommen der Tag, da die heilige Ilios hinsinkt,
Priamos selbst und das Volk des lanzenkundigen Königs. […]
Dann erhob er die Stimme zu Zeus und den anderen Göttern:

Zeus und ihr anderen Götter, o lasst doch dieses mein Knäblein
Werden dereinst wie ich selbst, vorstrebend im Volke der Troer,
Auch so stark an Gewalt, und Ilios mächtig beherrschen! [...]
Jener sprach's und reicht' in die Arme der liebenden Gattin
Seinen Sohn, und sie drückt ihn an ihren duftenden Busen,
Lächelnd mit Tränen im Blick; und ihr Mann voll inniger Wehmut
Streichelte sie mit der Hand und redete, also beginnend:
Armes Weib, nicht musst du zu sehr mir trauern im Herzen!
Keiner wird gegen Geschick hinab mich senden zum Ais;
Doch dem Verhängnis entrann wohl nie der Sterblichen einer,
Edel oder geringe, nachdem er einmal gezeugt ward.
Doch, zum Gemach hingehend, besorge du deine Geschäfte,
Spindel und Webestuhl, und gebeut den dienenden Weibern,
Fleißig am Werke zu sein. Der Krieg gebühret den Männern
Allen und mir am meisten, die Ilios' Feste bewohnen.«

Homer: Ilias. In der Übertragung von Johann Heinrich Voß.
München: Winkler, 1976. S. 110–112 (VI. Gesang).

Im anschließenden Zweikampf mit dem griechischen Helden Achill, der den von Hektor verursachten Tod seines Vetters Patroklos rächen will, unterliegt Hektor und wird getötet.

Worterläuterungen:

2 Ilios: Troja | **8 Achaier:** Griechen | **18 härmt:** bedrückt | **21 verbeut':** verbietet | **36 Ais:** Hades, Totenwelt | **40 gebeut:** gebiete, befehle

Arbeitsaufträge:

1. Lesen Sie noch einmal die vier Strophen des »Hektorlieds« (Reclam XL, 50,27–32; 51,1–6, 17–28).
2. Benennen Sie Gemeinsamkeiten und Unterschiede zwischen dem Ausschnitt aus der *Ilias* und dem »Hektorlied« in den *Räubern*.

*3. Formulieren Sie Hypothesen: Warum singt Amalia an dieser Stelle dieses Lied? In welcher persönlichen Lage ist sie zum Zeitpunkt des Gesangs – auch im Vergleich zu Homers Andromache?

ARBEITSBLATT 4b

Amalias Klagelied (Dritter Akt, Erste Szene)

Stilmittel		Reimschema	Überschrift/Bemerkungen

Schön wie Engel, voll Walhallas Wonne,
Schön vor allen Jünglingen war er,
Himmlisch mild sein Blick, wie Maiensonne,
Rückgestrahlt vom blauen Spiegelmeer.

Sein Umarmen – wütendes Entzücken! –
Mächtig feurig klopfte Herz an Herz,
Mund und Ohr gefesselt – Nacht vor unsern Blicken –
Und der Geist gewirbelt himmelwärts.

Seine Küsse – paradiesisch Fühlen! –
Wie zwo Flammen sich ergreifen, wie
Harfentöne ineinander spielen
Zu der himmelvollen Harmonie,

Stürzten, flogen, rasten Geist und Geist zusammen,
Lippen, Wangen brannten, zitterten, –
Seele rann in Seele – Erd und Himmel schwammen
Wie zerronnen, um die Liebenden.

Er ist hin – vergebens ach! Vergebens
Stöhnet ihm der bange Seufzer nach.
Er ist hin – und alle Lust des Lebens
Wimmert hin in ein verlornes Ach! –

Die Räuber, Reclam XL, 81,3–23

Arbeitsaufträge

1. Lesen Sie Amalias Klagelied noch einmal aufmerksam und notieren Sie Ihre Assoziationen zum Inhalt.
2. Rekapitulieren Sie den Inhalt der einzelnen Strophen und geben Sie jeder einzelnen einen kurzen, prägnanten Titel.
3. Bestimmen Sie die Reimform des Strophenlieds.
4. Notieren Sie Stilmittel, die hier verwendet werden, und beschreiben Sie deren Funktion.
5. Wo verorten Sie den Höhe- und Umschlagpunkt des Gedichts? Beachten Sie bei Ihrer Begründung insbesondere die Zeitformen der Verben.

*6. Formulieren Sie eine Hypothese zur Funktion des Lieds am Anfang dieser Szene. Beachten Sie dabei Amalias Verhalten gegenüber Franz und das Ende der Szene.

Schillers anonyme Selbstrezension im *Württembergischen Repetitorium* (Auszug)

»Es findet sich in der ganzen Tragödie nur *ein* Frauenzimmer, man erwartet also billig im Charakter dieser Einzigen gewissermaßen die Repräsentantin ihres ganzen Geschlechts. Wenigstens wird die Aufmerksamkeit des Zuschauers und Lesers um so unverwandter auf ihr haften, je einsamer sie im Kreise der Männer und Abenteurer steht, wenigstens wird man von den wilden stürmischen Empfindungen, worin uns die Räuberszenen herumwerfen, in ihrer sanften weiblichen Seele auszuruhen gedenken. Aber zum Unglück wollte uns der Dichter hier etwas Außerordentliches zukommen lassen, und hat uns um das Natürliche gebracht. *Räuber* war einmal die Parole des Stücks, der lärmende Waffenton hat den leisern Flötengesang überstimmt. Der Geist des Dichters scheint sich überhaupt mehr zum Heroischen und Starken zu neigen als zum Weichen und Niedlichen. Er ist glücklich in vollen saturierten Empfindungen, all der liebenswürdigen Schwärmerei, doch immer das vermissen, was wir zuerst suchen: das sanfte, leidende, schmachtende Ding – das Mädchen.

Auch handelt sie im ganzen Stück durchaus zu wenig, ihr Roman bleibt durch die drei ersten Akte immer auf eben derselben Stelle stehen (so wie, beiläufig zu sagen, das *ganze Schauspiel in der Mitte erlahmt*). Sie kann sehr artig über ihren Ritter weinen, um den man sie geprellt hat, sie kann auch den Betrüger aus vollem Halse heruntermachen, der ihn weggebissen hat, und doch auf ihrer Seite kein angelegter Plan, den Herzeinzigen entweder zu *haben*, oder zu *vergessen*, oder durch einen andern zu *ersetzen*; ich habe mehr als die Hälfte des Stücks gelesen und weiß nicht, was das Mädchen will, oder was der Dichter mit dem Mädchen gewollt hat, ahnde auch nicht, was etwa mit ihr geschehen könnte, kein zukünftiges Schicksal ist angekündiget oder vorbereitet, und zudem lässt ihr Geliebter bis zur letzten Zeile des – dritten Akts kein Wörtchen von ihr fallen. Dieses ist schlechterdings die *tödliche Seite des ganzen Stücks*, wobei der Dichter ganz unter den Mittelmäßigen geblieben ist. Aber vom vierten Akt an wird er ganz wieder er selbst. Mit der Gegenwart ihres Geliebten fängt die interessante Epoche des Mädchens an. Sie glänzt in seinem Strahle, erwärmt sich an seinem Feuer, *schmachtet* neben dem *Starken*, und ist ein *Weib* neben dem *Mann*.«

Aus: Friedrich Schiller: Die Räuber – Ein Schauspiel (1782). In: Schillers Werke. Nationalausgabe. Bd. 22: Vermischte Schriften. Hrsg. von Herbert Meyer. Weimar: Böhlau, 1958. S. 124 f.

Arbeitsaufträge:

1. Lesen Sie Schillers anonym veröffentlichte Selbstrezension des Schauspiels.
2. Welche komischen Aspekte fallen Ihnen auf? Wen und was kritisiert er?
3. Unterstreichen Sie die Aspekte, die er an Amalias Figurenanlage bemängelt. Welche Argumente bringt er vor?
4. Versuchen Sie in Partnerarbeit, seine Argumente nachzuvollziehen und zu überprüfen. Wie beurteilen Sie die Kritik im Einzelnen?

*5. Wie bewerten Sie Amalias Darstellung? Positionieren Sie sich gegenüber den Gender- und Weiblichkeitsvorstellungen, die das Drama entwirft und diskutieren Sie sie.

5 Die gebrochene Idylle (III,2) als den Höhepunkt des Dramas begreifen

Sachanalyse

Nach dem erfolgreichen Kampf im Dritten Akt (III,2) wird der loyale Zusammenhalt der Gruppe als Idylle inszeniert: Die Räuber lagern »*auf einer Anhöhe unter Bäumen, die Pferde weiden am Hügel hinunter*« (85,10 f.). Den Moment unmittelbar nach dem (vorläufigen) Sieg über die Reitertruppe abbildend, versinnbildlicht die Szene den Höhepunkt des Dramas.

Im Handlungskontext ist die Szene nach der Auseinandersetzung und dem Gefecht mit dem Militär einzuordnen, das offenbar mit Verlusten auf beiden Seiten – bei den Räubern mindestens mit dem Tod Rollers – geendet hat. Damit beinhaltet die topografische Beschreibung auch den Hinweis auf die Kehrseite des Räuberbündnisses, dessen Aktionen kaum mehr gerechtfertigt werden können. Längst hat der Hauptmann die Doppelmoral und infame Gewalt seiner Räuberbande kritisch reflektiert. In ihrer Gegenwart stellt Karl nun tiefgehende Überlegungen zum »Mark [der] Bestimmung« (85,30) des Menschen an. Dabei lotet er die Kluft aus, die seinen Beobachtungen nach zwischen dem Anspruch und der Wirklichkeit individueller Gestaltungsmöglichkeiten bestehen: »Bruder – ich habe die Menschen gesehen, ihre Bienensorgen, und ihre Riesenprojekte – ihre Götterplane und ihre Mäusegeschäfte [...] dieses bunte Lotto des Lebens, worein so mancher seine Unschuld, und – seinen Himmel setzt, einen Treffer zu haschen« (85,33–86,7). Sein pessimistisches Urteil lautet, dass am Ende alle Bemühungen vergebens seien: »Nullen sind der Auszug – am Ende war kein Treffer darin.« (86,7 f.)

Karls Rede gibt Aufschluss über seine Desillusionierung und ein geradezu fatalistisches Denken, das die Ziele und Taten der Räuber nüchtern bilanziert. Dass er durchaus selbstkritisch auf die in seinem Namen begangenen Verbrechen zurückblickt, zeigte bereits der Monolog im Zweiten Akt (72,1–18). Schon dort hatte er sein Verhalten als anmaßend verworfen: »geh, geh! du bist der Mann nicht, das Rachschwert der obern Tribunale zu regieren« (72,13 f.). Hatte er damals noch Scham und Reue empfunden, scheint ihm nun jedoch keine Möglichkeit zur Wiedergutmachung mehr gegeben. Vielmehr sieht er sich just am Höhepunkt des Erfolgs seiner Räuber in einer ausweglosen Situation gefangen. Dominierend sind Selbstzweifel und -mitleid, die dazu führen, dass er sich nicht mehr nur als Ausgestoßener seiner Familie, sondern auch der Gesellschaft im Ganzen und der Christenheit empfindet – weshalb sich seine Missstimmung in eine fatalistische Haltung verkehrt. Dass ihm alles bedeutungslos, deprimierend und auf negative Weise vorherbestimmt erscheint, veranschaulichen sowohl die wechselnden Gefühlsausbrüche (»*Wild zurückfahrend*«, 87,14 f.; »*mit Wehmut*« 87,22; »*Er wischt sich die Augen*«, 88,22 etc.) als auch die naturalisierenden Beschreibungen seiner Situation (»Umlagert von Mördern – von Nattern umzischt – angeschmiedet an das Laster mit eisernen Banden – hinausschwindelnd ins Grab des Verderbens«, 87,15–17).

Im größeren dramatischen Zusammenhang lässt sich die Szene als handlungsbestimmend begreifen, da sie Karls unauflösliche Bindung an die Räuberbande deutlich macht und die Unmöglichkeit seiner Rückkehr in die Gesellschaft signalisiert. Mit seinem Schwur, die Kameraden »niemals verlassen« (88,29) zu wollen, liefert er sich der Eigengesetzlichkeit der Räuber als einer außerhalb des Rechts stehenden Gemeinschaft vollends aus. Dass ihn sein Versprechen noch in persönliche Handlungskonflikte bringen könnte, gibt nur Schweizer zu bedenken (»Schwöre nicht! du weißt nicht, ob du nicht noch glücklich werden, und bereuen wirst«, 88,30 f.).

Dem bekannten Modell in Gustav Freytags Studie *Die Technik des Dramas* (1863) folgend, lässt sich Karls Treueschwur in der Handlungssteuerung und der Positionierung als Höhepunkt des Spannungsaufbaus begreifen. Dramaturgisch exponierte der Erste Akt vor allem den Konflikt der rivalisierenden Brüder, dem kränklichen Vater und einem rebellischen Protagonisten. Deutete das erregende Momentum im Zweiten Akt, der Botenbericht über die Gewalttaten der Räuber, zunächst nur Karls Verwicklung in die infamen Gewaltverbrechen der Bande an, begrenzt sein Treueschwur im Dritten Akt die Möglichkeit einer dramatischen Lösung erheblich. Zu einer Verzögerung (Retardation) kommt es durch das Wiedersehen Karls mit Amalia und seinem Vater im Vierten Akt, der eine Versöhnung mit der Familie zumindest möglich erscheinen lässt. Die Konfrontation Amalias mit der Räuberbande jedoch mündet schließlich in die Katastrophe, an deren Ende ihr Tod als Opfer einer totalitären Gruppendynamik steht. Zum Ausbruch kommt hier der in Karl stets latent existierende Konflikt zwischen autonomer Selbstbestimmung, familiärer Verbundenheit und einer ungerechten gesellschaftlichen Ordnung; einer Ordnung, die durch Karls Selbstüberlieferung an die Justiz im Schlusssatz dennoch in ihrer Gültigkeit bestätigt wird.

Unterrichtsverlauf

Überblick. Die Schülerinnen und Schüler erarbeiten sich das Modell zum geschlossenen Drama nach Freytag und ordnen die Szene III,2 ein. Anhand einer strukturierenden Inhaltsangabe und von Standbildern erschließen sie sich die Bedeutung von Karls Stimmungswandel für den Spannungsbogen und schulen ihre Wahrnehmung für dramaturgische Mittel. Abschließend vertiefen und diskutieren sie die Rolle Kosinskys für den weiteren Handlungsverlauf. ! **Verkürzter Verlauf: 5.1 – 5.2 – 5.3 – 5.4**

Phase	Thema	Sozialform	Kompetenzen und Lernziele	Materialien
Voraussetzung: Kenntnis des Dramas bis einschließlich IV,4 (109,16)				
5.1	Einstiegsphase: »Die Fabel des Stücks ist ohngefähr diese« – eine Zwischenbilanz	UG	• Erschließungstechniken an einer bekannten Textsorte üben • Den Inhalt des Dramas vergegenwärtigen und selbstständig wiedergeben	VORLAGE 5a ➤ S. 44
5.2	Der Aufbau des geschlossenen Dramas nach Gustav Freytag	PA / UG	• Aus einem poetologischen Text ein Schaubild erstellen und anwenden	VORLAGE 5b ➤ S. 45 TAFELBILD 5a ➤ S. 46
5.3	Die Erfassung der Räuberszene III,2 in einer strukturierenden Inhaltsangabe und einem Standbild	EA / GA	• Den Stimmungswechsel einer Figur wahrnehmen • Verbale und nonverbale Signale für Dominanzverhältnisse identifizieren und bewerten • Beobachtungen zu Inhalt und Aufbau zu einem Textverständnis abstrahieren, strukturieren und ausdrücken	ARBSEITSBLATT 5 ➤ S. 49
5.4	Deus ex machina und Spiegelbild: Kosinskys dramatische Funktion	UG / LV	• Den Auftritt einer neuen Figur einordnen • Eine Parallelhandlung erkennen und ihre Funktion im Handlungsverlauf bestimmen	TAFELBILD 5b ➤ S. 47
5.5 **fakultativ**	Vertiefung: Karls und Amalias Gefühlssituation im Rollenspiel »Heißer Stuhl«	GA	• Innerhalb und außerhalb von zugewiesenen Rollen ein komplexes Thema bewerten, erörtern (und ggf. präsentieren, reinszenieren)	
HA	Vorbereitende Lektüre des restlichen Vierten Akts und der Ersten Szene des Fünften Akts			*Die Räuber*, Reclam XL, 109,17–139,21

5.1 Einstiegsphase: »Die Fabel des Stücks ist ohngefähr diese« – eine Zwischenbilanz

Unterrichtsschritt. Die Lerngruppe hat Schillers Selbstrezension im *Württembergischen Repetitorium* bereits in Auszügen kennengelernt. Mit dem Anfang des Textes, der auf der VORLAGE 5a ***Schillers Selbstrezension im »Württembergischen Repetitorium« (Anfang)*** abgedruckt ist, können sie nun den Inhalt der ersten drei Aufzüge aus Schillers Perspektive rekapitulieren. Die hier beschriebene Bühnenhandlung ermöglicht es den Schülerinnen und Schülern, ihre eigenen Vorstellungen von der Dramenhandlung mit der von Schiller wiedergegebenen »Fabel« des Stücks zu vergleichen und im Unterrichtsgespräch zu artikulieren. Die Qualität und Differenziertheit der Inhaltswiedergabe informiert die Lehrkraft zugleich über den Umfang der Textarbeit, die ab 5.2 zu leisten ist. UG VORLAGE 5a ➤ S. 44

Leitfrage:

- Beurteilen Sie Schillers Wiedergabe der Bühnenhandlung und vergleichen Sie sie mit Ihren Leseeindrücken aus den ersten drei Aufzügen des Dramas.

VORLAGE 5a

Schillers Selbstrezension im *Württembergischen Repetitorium* (Anfang)

»Die Räuber –
Ein Schauspiel, von Friedrich Schiller (1782).

(Ich nehme es nach der neuesten Theaterausgabe, wie es bisher auf der Nationalbühne zu Mannheim ist vorgestellt worden.)

Das einzige Schauspiel auf wirtembergischen Boden gewachsen. Die Fabel des Stücks ist ohngefähr diese: Ein fränkischer Graf, Maximilian von Moor, ist Vater von zween Söhnen, Karl und Franz, die sich an Charakter sehr unähnlich sind. Karl, der ältere, ein Jüngling voll Talenten und Edelmut, gerät zu Leipzig in einen Zirkel lüderlicher Brüder, stürzt in Exzesse und Schulden, muss zuletzt mit einem Trupp seiner Spießgesellen aus Leipzig entfliehen. Unterdes lebte Franz, der jüngere, zu Hause beim Vater, und da er heimtückischer schadenfroher Gemütsart war, wusste er die Zeitungen von den Lüderlichkeiten seines Bruders zu seinem eigenen Vorteil zu verschlimmern, seine reuvollen und rührenden Briefe zu unterdrücken, andere nachteiligen Inhalts unterzuschieben und den Vater dergestalt gegen den Sohn zu erbittern, dass er ihm den Fluch gab und ihn enterbte.

Karl, durch diesen Schritt zur Verzweiflung gebracht, verwickelt sich mit seinen Gefährten in ein Räuberkomplott, wird ihr Anführer und führt sie in böhmische Wälder. Der alte Graf hatte eine Nichte im Hause, die den jungen Grafen Karl schwärmerisch liebte. Dieses Mädchen kämpfte mit allen Waffen der Liebe gegen den Zorn des Vaters und hätte auch durch zudringliches Bitten zuletzt ihren Zweck erreicht, wenn nicht Franz, der von diesem Schritt alles zu besorgen hatte, der neben dem noch Absichten auf Amalien hegte, durch eine ersonnene List alles vereitelt hätte. Nämlich er unterrichtete einen seiner Vertrauten, der noch einen Privatgroll auf den alten und jungen Grafen gefasst hatte, unter dem vorgeblichen Namen eines Freunds von Karln die erdichtete Zeitung vom Tod dieses letztern zu bringen, und versah ihn hiezu mit den tüchtigsten Dokumenten. Der Streich gelang, die Trauerpost überraschte den Vater auf dem Krankenbett und wirkte so stark auf seinen geschwächten Körper, dass er in einen Zustand verfiel, den jedermann für den Tod erklärte – [...] Franz, der sich durch boshafte Streiche zu den abscheulichsten Verbrechen erhärtet hatte, benutzte diesen allgemeinen Wahn [...] und trat sodenn in den vollkommensten Besitz seiner Güter und Rechte.

Unterdessen hatte sich Karl Moor an der Spitze seiner Rotte durch außerordentliche Streiche weit und breit ruchtbar und furchtbar gemacht. Sein Anhang wuchs, seine Güter stiegen, sein Dolch schröckte die kleinere [sic] Tyrannen und autorisierten Beutelschneider, aber sein Beutel war der Notdurft geöffnet, und sein Arm zu ihrem Schutze bereit. [...] Das Gerücht seiner Taten foderte die Gerechtigkeit auf; er wurde in einem Walde, wo hinein er sich nach einem Hauptstreich mit seiner ganzen Bande geworfen hatte, umringt, aber der zur Verzweiflung gehetzte Abenteurer schlug sich mit wenigem Verlust herzhaft durch und entrann glücklich aus Böhmen. Itzt verband sich ein flüchtiger edler Böhme mit ihm, den sein widriges Geschick mit der bürgerlichen Gesellschaft entzweit hatte, dessen unglückliche Liebesgeschichte die schlafende Erinnerung der seinigen wieder aufweckte und ihn zu dem Entschluss bewog, Vaterland und Geliebte wiederzusehen, welchen er auch schleunig ins Werk setzte. [...]«

Aus: Friedrich Schiller: Die Räuber – ein Schauspiel (1782). In: F. S.: Schillers Werke. Nationalausgabe. Bd. 22: Vermischte Schriften. Hrsg. von Herbert Meyer. Weimar: Böhlau, 1958. S. 115 f. [Behutsam modernisiert.]

Erläuterungen. Bei der Diskussion sollte einerseits zwar Schillers textnahe Inhaltswiedergabe betont werden, andererseits aber auch seine in der Rezension angebotenen Interpretationsansätze nicht einfach unkritisch übernommen werden. Die These zum Beispiel, bei den Brüdern Karl und Franz handle es sich um zwei »sehr unähnlich[e]« Charaktere, kann durch einen Vergleich überprüft und einem differenzierteren Verständnis zugeführt werden. So wurde in der Forschung gerade auf die Komplementarität der beiden Figuren hingewiesen, so dass sich Franz auch als Alter Ego Karls deuten ließe. Die kritische Reflexion der Selbstrezension als Textsorte eröffnet auch deshalb einen objektiveren, analytischen Blick auf das Drama, weil Schiller mit der anonymen Veröffentlichung auch strategische Absichten verfolgt haben mochte, wie z. B. die Beeinflussung des Publikums bzw. der Kritiker und die Steuerung der Drameninterpretation. Der Anstoß zur Diskussion kann auch über ein Beispiel aus einem anderen Bereich erfolgen: Die Schülerinnen und Schüler können dazu befragt werden, was sie von der Bewertung eines Produkts auf Amazon halten, die der Hersteller selbst gepostet hat.

5.2 Der Aufbau des geschlossenen Dramas nach Gustav Freytag

Unterrichtsschritt mit Erläuterungen. Die Schülerinnen und Schüler haben die Handlung des Dramas bis zur Mitte des Vierten Akts gelesen. Anhand des kurzen Textes von Gustav Freytag (VORLAGE 5b ***Gustav Freytag: »Die Technik des Dramas«, 1863***) lernen sie sein Modell zum pyramidalen Aufbau eines geschlossenen Dramas kennen. Im anschließenden Unterrichtsgespräch werden Fragen darüber, welche Ereignisse eine steigende und fallende Handlung bzw. eine Retardation auslösen, mit Beispielen aus Schillers *Räuber*-Drama geklärt. Dabei ist der Kenntnisstand der Lerngruppe zu berücksichtigen, die über den Ausgang als Konkretion der fünften Etappe des Spannungsmodells spekulieren darf. Mit der Kenntnis weiterer Merkmale des geschlossenen Dramas (gegebenenfalls im Lehrervortrag oder später, in der 9. Stunde, zu vertiefen) erwerben die Schülerinnen und Schüler zudem die Fähigkeit, Schillers Drama als einen Gegenentwurf zum ›klassischen‹ Drama und andere Formausprägungen zu identifizieren. Das TAFELBILD 5a fasst die Ergebnisse zusammen. (Hinweis: Da das TAFELBILD 5a in Unterrichtsschritt 7.2 noch einmal aufgegriffen wird, sollte es mittels Foto gesichert werden, sofern es vom hier präsentierten Vorschlag abweicht.)

PA / UG

VORLAGE 5b
➤ S. 45

TAFELBILD 5a
➤ S. 46

Sofern die Einheit von Ort, Zeit und Handlung sowie der Sprache erst im Zusammenhang mit epochalen Besonderheiten des Sturm und Drang geklärt werden sollen (Kapitel 9.5), können diese beiden Aspekte selbstverständlich erst dort ergänzt und diskutiert werden.

VORLAGE 5b

Gustav Freytag: *Die Technik des Dramas*, 1863

»Durch die beiden Hälften der Handlung, welche in einem Punkt zusammenschließen, erhält das Drama – wenn man die Anordnung durch Linien verbildlicht – einen pyramidalen Bau. Es steigt von der Einleitung mit dem Zutritt des erregenden Moments bis zu dem Höhepunkt und fällt von da bis zur Katastrophe. Zwischen diesen drei Teilen liegen die Teile der Steigung und des Falles. Jeder dieser fünf Teile kann aus einer Szene oder aus einer gegliederten Folge von Szenen bestehen, nur der Höhepunkt ist gewöhnlich in einer Hauptszene zusammengefasst. Diese Teile des Dramas, a) Einleitung, b) Steigerung, c) Höhepunkt, d) Fall oder Umkehr [mit retardierendem Moment (= Verzögerung)], e) Katastrophe [oder versöhnliches Ende], haben jeder Besonderes in Zweck und Baueinrichtung.«

Gustav Freytag: Die Technik des Dramas. Hrsg. von Klaus Jeziorkowski. Stuttgart: Reclam, 1983 [u. ö.]. S. 105.

Arbeitsaufträge:

1. Entwerfen Sie in Partnerarbeit das hier beschriebene Schaubild eines ›geschlossenen Dramas‹ mit den entsprechenden Fachbegriffen.
2. Klären Sie gemeinsam, welche Ereignisse der dramatischen Handlung in Schillers *Die Räuber* die Funktionen von Steigerung, Höhepunkt und ggf. Fall/Umkehr (mit retardierendem Moment = Verzögerung) einnehmen. Tragen Sie die entsprechenden Ereignisse in Stichworten in Ihr Schaubild ein. (Der letzte Schritt, die Katastrophe, muss noch offenbleiben.)
   Beispiel: Einleitung/Exposition: Franz' Intrige und Plan, den Bruder zu verdrängen

5.3 Die Erfassung der Räuberszene III,2 in einer strukturierenden Inhaltsangabe und einem Standbild

Unterrichtsschritt. Die Schülerinnen und Schüler rekapitulieren den Inhalt der Szene III,2. Anhand des kurzen Sachtexts auf dem ARBEITSBLATT 5 ***Eine strukturierende Inhaltsangabe formulieren*** informieren sie sich in Einzelarbeit über die Elemente einer strukturierenden Inhaltsangabe. Die angegebenen Sprechaktverben versetzen sie in die Lage, die Anleitung umzusetzen und die sprachlichen Handlungen des Dialogs zwischen Karl Moor und den Räubern (86,11–88,33) zu beschreiben (schriftlich).

EA / GA

ARBEITSBLATT 5
➤ S. 49

Unter Einbeziehung auch des zweiten Teils der Szene (88,34–94,27) entwickeln sie danach in Gruppenarbeit Standbilder (für Karl Moor, Grimm, Schweizer, Schwarz, Spiegelberg und gegebenenfalls Kosinsky), die

TAFELBILD 5a

Schillers *Räuber* – ein geschlossenes Drama?

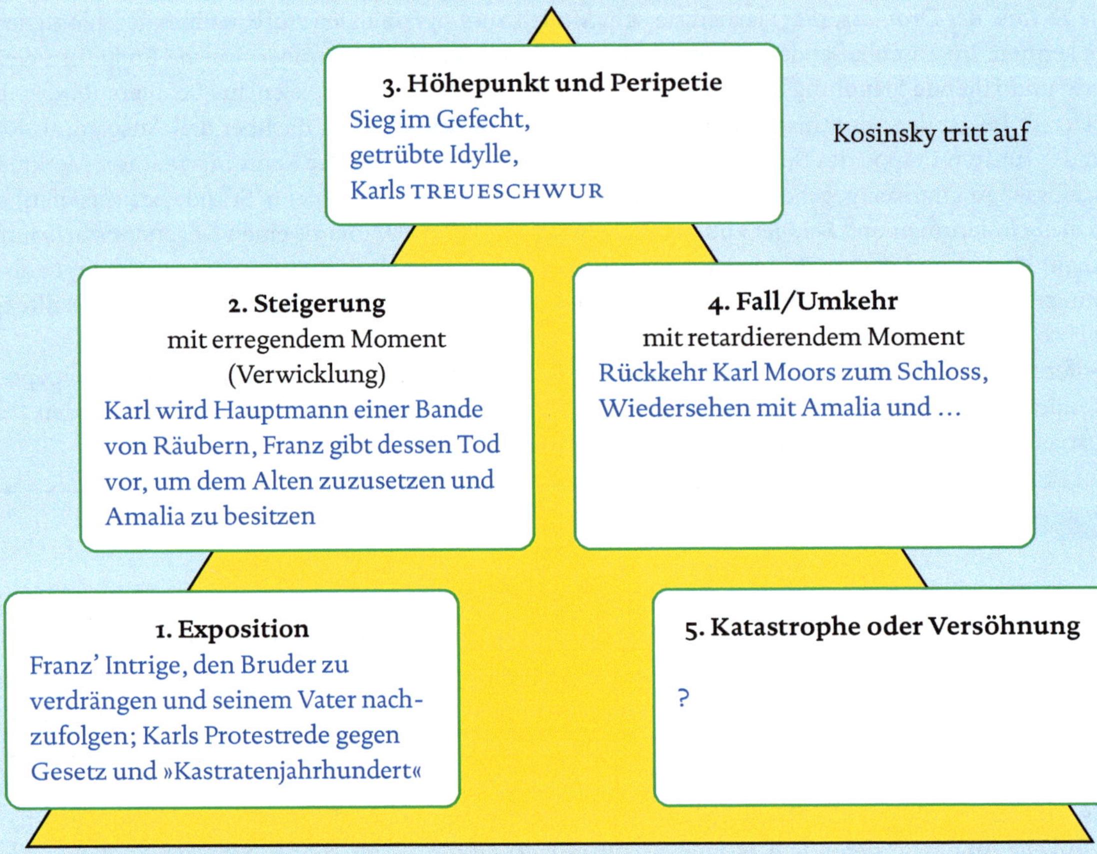

auf sinnlich-anschauliche Weise das abschließende Unterrichtsgespräch vorbereiten. Ratsam ist, dass sich jede Gruppe auf das Standbild einer der Figuren konzentriert, bevor diese im abschließenden Unterrichtsgespräch zusammengeführt werden.

Leitfrage/Arbeitsauftrag für die Standbilder:

- Wählen Sie als Gruppe eine der in III,2 auftretenden Figuren und stellen ihren Anteil am Dialog (ihr Sprachhandeln) in einem Standbild dar. Dieses soll die Beziehung der Figur zu ihren Dialogpartnern verdeutlichen. Beziehen Sie in ihr Standbild ggf. auch die Nebenbemerkungen (Regieanweisungen) und besondere Charakterzüge der Figur mit ein.

Erläuterungen. Mithilfe der Standbilder zum Dialog zwischen Karl, den Räubern und dem hinzukommenden Kosinsky erfahren die Schülerinnen und Schüler auf einer sinnlich-emotionalen Ebene, dass Sprechen eine Art des Handelns ist. Mit der Beherrschung von geeigneten Sprechaktverben aus dem ARBEITSBLATT 5 haben sie gelernt, solche Sprechakte zu bezeichnen, und erweitern so ihre Fähigkeit zur Untersuchung und strukturierten Inhaltsangabe eines Dialogs. Diese Übung versetzt sie wiederum in die Lage, den Stimmungswandel innerhalb der Szene zu erkennen und seine Bedeutung für die Handlung zu reflektieren. Durch die hinzukommende Figur Kosinskys können sie schließlich verbale und nonverbale Signale beobachten und auswerten, die auf bestehende Dominanzverhältnisse innerhalb der Gruppe der Räuber hinweisen.

5.4 Deus ex machina und Spiegelbild: Kosinskys dramatische Funktion

UG / LV

TAFELBILD 5b

➤ S. 47

Unterrichtsschritt. Auf der Grundlage der strukturierenden Inhaltsangabe und der in der Gruppenarbeit entwickelten Standbilder entsteht im folgenden Unterrichtsgespräch das TAFELBILD 5b mit der Gegenüberstellung von Karl und Kosinsky. In Anlehnung an das in Unterrichtsschritt 2.3 entworfene Schaubild werden auch hier die Motivationen beider Figuren verglichen, wobei nun Kosinsky der Ausgangspunkt ist: Anhand der wesentlichen Aspekte seines Berichts erkennen die Schülerinnen und Schüler die Parallelen zum Protagonisten Karl Moor. Da die Lerngruppe durch die Lektüreaufträge bereits Kenntnis von den ersten vier Szenen des Vierten Akts hat, kann sie den Handlungsverlauf ein Stück weit überblicken und sich die Bedeutung Kosinskys für den Spannungsbogen erschließen. In eingeschobenen kurzen Sachvorträgen vermittelt die Lehrperson erstes Wissen über die dramaturgische Funktion von Parallelhandlungen und einer außenstehenden, plötzlich in die Situation eingreifenden Figur (»deus ex machina«).

Leitfragen:
- Erklären Sie, warum Kosinsky die Räuberbande aufsucht.
- Welche konkreten Gründe führt er für seine Rachemotive an?

TAFELBILD 5b

Unglückliche Lebensgeschichten: Kosinsky und Karl Moor

	Kosinsky	Karl Moor
Status	Kommt, um sich der Räuberbande anzuschließen	Ist der Räuberhauptmann
Begriff von Freiheit	Wird von ihm »höher [geschätzt] als Ehre und Leben, deren bloßer Name, willkommen dem Armen und Unterdrückten, die Beherztesten feig und Tyrannen bleich macht« (89,11–14)	✓
Vorbild	Strebt Karl Moor nach und erkennt ihn	
Absichten	Will sich durch Tätigkeit über einen persönlichen Verlust hinwegtrösten	✓ siehe 1,2 u. a.
Fluchterfahrung(en)	Gescheiterte Überfahrt nach Ostindien	✓ Flucht mit der Räuberbande durch Sachsen und Böhmen gen Donau
Herkunft	Ein böhmischer Edelmann	✓ Ein fränkischer Graf
Liebes- als Leidensgeschichte	Liebte eine deutsche Bürgerliche namens Amalia, mit der er verlobt war; am Tag der Hochzeit wird er »durch einen Expressen nach Hof zitiert«, mittels fingierter Briefe in eine Intrige verwickelt und ins Gefängnis geworfen; nach einem Monat wird er freigelassen und erfährt, dass Amalia die Wahl hatte, ihn »sterben [zu] sehen, oder die Mätresse des Fürsten werden« (93,23) zu wollen – wobei sie für seine Rettung eintrat	Wird durch Kosinsky an seine Amalia erinnert, mit der er verlobt gewesen war; weitere Parallelen: ✓ Opfer einer Intrige ✓ Fingierte Briefe ✓ Auf andere Weise »infam aus den Grenzen gejagt« ✓ Verlust seiner Familie und Heimat
Gegenwärtige Situation Amalias	»meine Amalia bleibt in den Klauen des Tigers, verseufzt und vertrauert ihr Leben, während dass meine Rache fasten […] muss« (94,8–11)	⚡ Trifft die Entscheidung, nach Franken zurückzukehren (zum Moorischen Schloss)

- Beschreiben Sie Karls anfängliches Verhalten gegenüber Kosinsky.
- Warum zögert er, den Fremden aufzunehmen? Mit welchen Argumenten versucht er, ihn zunächst davon abzuhalten, sich den Räubern anzuschließen, und wie reagieren seine Kameraden darauf?
- Fassen Sie Kosinskys Lebensgeschichte kurz zusammen.
- In welchem Zusammenhang steht sie mit Karls Entschluss, gemeinsam mit den Räubern nach Franken zurückzukehren?

5.5 Vertiefung: Karls und Amalias Gefühlssituation im Rollenspiel »Heißer Stuhl« (fakultativ)

GA

Unterrichtsschritt mit Erläuterungen. Das Rollenspiel dient der Vertiefung des Textverständnisses und ist auf die Freiwilligkeit und das Engagement der Lerngruppe angewiesen. Im Rollenspiel übernimmt eine Schülerin oder ein Schüler die Rolle einer der dramatischen Figuren und platziert sich entweder abseits auf einem Stuhl sitzend oder vor dem zugehörigen Standbild (Unterrichtsschritt 5.3). Aus der Gruppe werden (gegebenenfalls vorbereitete) Fragen zu den Handlungsmotivationen, zum Gefühl der betreffenden Figur oder ihrem Verhältnis zu einer der anderen Figuren gestellt. Der temporäre Schauspieler bzw. die Schauspielerin versucht die Fragen spontan zu beantworten, indem er bzw. sie sich bestmöglich in die dramatische Figur hineinversetzt. Das setzt eine solide Textkenntnis, viel Präsentations- und Einfühlungsvermögen voraus, weshalb die exponierte Rollendarstellung nur freiwillig und nicht auf Druck übernommen werden sollte. Möglicherweise entsteht im Dialog mit der Gruppe auch erst die Lust daran, sich selbst in der Rolle auszuprobieren. Auf diese Weise können die Schülerinnen und Schüler den Lerngegenstand – das Drama der *Räuber* – sowohl inhaltlich vertiefen, als auch sein besonderes Gattungsmerkmal: die Dialogizität sinnlich erfahren.

Leitfragen/Arbeitsaufträge:

- Übernehmen Sie im Rollenspiel die Rolle Karl Moors. Stellen Sie sich den Fragen der Lerngruppe zum Verhalten im Dritten Akt und versuchen Sie, seine Einstellung, Motivationen und Gefühle authentisch wiederzugeben. Berücksichtigen Sie dabei auch die Wirkung von Kosinskys Lebensgeschichte auf ihn.
- Übernehmen Sie im Rollenspiel die Rolle Amalias. Stellen Sie sich den Fragen der Lerngruppe zu ihrem Verhalten in den Szenen III,1 und IV,2 und versuchen Sie, ihre Ansichten und Gefühle zu präsentieren.
- Übernehmen Sie die Rolle einer der Figuren Ihrer Wahl.

Hausaufgabe

Vorbereitende Lektüre des restlichen Vierten Akts und der Ersten Szene des Fünften Akts (*Die Räuber*, Reclam XL, 109,17–139,21).

ARBEITSBLATT 5

Eine strukturierende Inhaltsangabe formulieren

Strukturierende Inhaltsangabe

»Die strukturierende Inhaltsangabe informiert nicht nur über den Inhalt eines Textes, sondern verdeutlicht darüber hinaus die Gliederung eines Textes in Sinnabschnitte, den Gedankengang oder Gesprächsverlauf und die für das Verständnis notwendigen Zusammenhänge. Tempus ist Präsens, der Stil ist sachlich, zusammenfassend. Direkte Rede muss in indirekte Wiedergabeformen transformiert werden; Zitate werden nur ausnahmsweise als Einzelbegriffe verwendet, da es auf die raffende Darstellung in eigenen Formulierungen ankommt. Um die Zusammenhänge herauszustellen, sind Verknüpfungen durch Konjunktionen, Adverbien und Adverbiale unentbehrlich. Sprechaktverben benennen die vorliegenden sprachlichen Handlungen und können neben dem Verlauf des Dialogs auch verdeutlichen, in welchem Verhältnis die Gesprächspartner zueinander stehen, welche Absichten die Gesprächspartner verfolgen, mit welchen Mitteln sie ihre Ziele verfolgen, ob die Dialogpartner einander respektieren oder ob ein asymmetrisches Gespräch vorliegt und ob die Gesprächspartner aufeinander eingehen oder aneinander vorbeireden. Auf diese Weise kann die strukturierende Inhaltsangabe bereits Aspekte der dramaturgischen Gestaltung einer Szene aufgreifen und die Interpretation vorbereiten.«

Max Kämper: Reclam Literaturunterricht. Johann Wolfgang Goethe: Iphigenie auf Tauris. Stuttgart: Reclam, 2019. S. 57.

Eine Auswahl von Sprechaktverben/Verben des sprachlichen Handelns:

andeuten, Aufmerksamkeit lenken auf, begründen, beharren auf, bedauern, behaupten, bekennen, bereuen, bilanzieren, bitten, beruhigen, beschwichtigen, bestätigen, bestreiten, betonen, bewundern, einräumen, einwenden, erklären, ermuntern, erzählen, feststellen, folgern, glauben, hervorheben, jammern, klagen, (Selbst-)Kritik üben, rechtfertigen, reflektieren, relativieren, schwören, sprechen (von), trauern, Treue halten, überlegen, verabschieden, veranschaulichen, verdeutlichen, verklären, verneinen, verteidigen, verurteilen, vorwerfen, weinen, widersprechen, wünschen, zu bedenken geben, zugestehen

Beispiel einer strukturierenden Inhaltsangabe (zu 85,8–86,10):

Nachdem die Räuber erfolgreich gegen die Truppen der Obrigkeit gekämpft haben und entkommen sind, lassen sie sich in einer »*Gegend an der Donau*« nieder, um sich vom Gefecht zu erholen. Karl räumt ein, dass seine »Glieder wie abgeschlagen« seien und er Durst habe, aber niemanden um Wasser bitten wolle. Während Schwarz bedauert, dass sie keine Weinvorräte mehr hätten, lenkt Moor die Aufmerksamkeit auf das Getreide und die Natur und spricht mit Pathos vom »Weinstock voll Hoffnung«. Unmittelbar anschließend wendet er aber ein, die Witterung könne »ja über Nacht« alles zugrunde richten, was Schwarz bestätigt. Karl beginnt daraufhin, über den Menschen und seine Bestimmung nachzudenken und über ihre Sorgen und »Riesenprojekte – ihre Götterplane und ihre Mäusegeschäfte, das wunderseltsame Wettrennen nach Glückseligkeit«. Zum Reden aufgelegt, versucht er, die Ziele und Ambitionen gegen die tatsächlichen Leistungen der Menschen aufzurechnen. Ernüchtert bilanziert er, »Nullen« seien »der Auszug – am Ende war kein Treffer darin«.

Arbeitsauftrag:

Setzen Sie die strukturierende Inhaltsangabe des Dialogs zwischen Karl Moor und den Räubern ab 86,11 bis 88,33 fort, indem Sie geeignete Sprechaktverben bzw. deren Nominalisierungen aus dem Wortspeicher verwenden.

6 »Ich hatte soeben einen lustigen Traum« – Das psychologische Kolorit des Dramas wahrnehmen (II,1; IV,2; V,1)

Sachanalyse

Im Laufe seines medizinischen Studiums entwickelt Schiller Thesen über die Natur des Menschen, die eng mit dem Stoff des *Räuber*-Dramas korrespondieren. Das lässt sich vor allem an den Plänen, aber auch der Figur des Franz Moor veranschaulichen. Kein anderer Protagonist verkörpert die von Schiller ins Extreme getriebene Beobachtung des Zusammenhangs »der Menschennatur und [der] Korrelation von Körper und Geist«[1] auf eine derart eindrückliche Weise.

Von besonderer Bedeutung, nicht zuletzt für Schillers Dissertationsschrift, ist Franz' Mordplan an seinem Vater. Dieser lässt sich von Schillers physiologischen Einsichten her erklären. Nachweislich hat Schiller eine These seiner Doktorarbeit *Über den Zusammenhang der tierischen Natur des Menschen mit seiner geistigen* (1780) anhand seines ersten Dramas zu untermauern versucht, dass nämlich »Furcht, Unruh, Gewissensangst, Verzweiflung […] nicht viel weniger als die hitzigsten Fieber«[2] im Körper wirkten. Die eigenen Erkenntnisse lassen sich mit Franz' Monolog zu Beginn des Zweiten Akts engführen. Dort sinniert dieser, »Philosophen und Mediziner« hätten ihn gelehrt, »wie treffend die Stimmungen des Geists mit den Bewegungen der Maschine zusammenlauten«: »Gichtrische Empfindungen werden jederzeit von einer Dissonanz der mechanischen Schwingungen begleitet – Leidenschaften m i s s h a n d e l n die Lebenskraft – der überladene Geist drückt sein Gehäuse zu Boden« (43,23–29). Da Franz den Alten beseitigen, aber nicht selbst ermorden will, plant er, dessen »Körper vom Geist aus zu verderben« (43,31). Zu den Vorkehrungen gehörten bereits die von ihm gefälschten Briefe an den Vater über Karls ausschweifendes Leben (12,13–13,11) und an Karl, mit dem er diesen vom Vater entfremdet hatte (29,9–21). Wenig später drängt er Hermann als Erfüllungsgehilfen dazu, den alten Grafen von Karls Tod zu überzeugen, um ihn durch den »S c h r e c k« (44,17) und die folgende »S e l b s t v e r k l a g u n g« (44,25) zur Verzweiflung zu bringen. Dass Körper und Geist in einem sensitiven Wechselverhältnis miteinander stehen, und eine Missstimmung der Psyche mit einer entsprechenden Folgewirkung der Physis einhergehen könne, veranschaulicht Schiller hier auf dramatischem Gebiet.

Im Vierten Akt beginnen sich die am Alten erprobten psychologischen Beobachtungen allerdings auch an Franz selbst zu vollziehen. »*[I]n tiefen Gedanken*« versunken, führt er in Szene IV,2 ein Selbstgespräch, in dem er gegen seine Ängste ankämpft, die ihn seit dem Auftreten des reisenden Grafen wie »ein Spion der Hölle« (98,9–13) einnehmen. Über der Erkenntnis, dass es sich beim Fremden um Karl handeln müsse, fährt er »*plötzlich zusammen[]*« und wähnt »Tod und Verdammnis« (98,28–32). Allmählich hinterfragt er sein Handeln, scheint sich jedoch auch dessen bewusst, »dass es Unsinn wäre zurückzuschwimmen, wenn das Ufer schon so weit hinten liegt« (99,3–5). Ähnlich wie Karl in der Schlüsselszene im Dritten Akt sieht auch Franz keine Möglichkeit zur Umkehr mehr: »Die G n a d e selbst würde an den Bettelstab gebracht, und die u n e n d l i c h e E r b a r m u n g bankerott werden, wenn sie für meine Schulden all gutsagen wollte« (99,6–8). Aus seinem Handeln zieht er den radikalen Schluss, seine Intrige konsequent fortzuführen, und nötigenfalls sowohl den Vater als auch den Bruder zu töten. Allerdings mischen sich in den mörderischen Entschluss sogleich wieder Schuldgefühle, die sich in einer wachsenden Paranoia ausdrücken.

Das an der psychischen Verfassung zehrende schlechte Gewissen stellt Schiller als Ursache für den Wahnsinn dar, dem Franz im Fünften Akt verfällt. Optisch wird sein schlechter Gesundheitszustand zunächst dadurch kenntlich, dass er, die Nacht durchwachend, »*im Schlafrock herein[]stürzt*« (127,17) und seiner Verzweiflung in lautstarken Selbstbezichtigungen Luft macht. Offenbar wähnt er sich »[v]erraten« und wird von Alpträumen geplagt, in denen er sich wiederholt als »Mörder« (127,20–22) angeklagt findet. Eine ähnliche Darstellung konnte Schiller in der Figur der Lady Macbeth in Shakespeares gleichnamigem Drama begegnet sein; dort entwickelt diese immer stärkere Schuldvisionen, da sie am Mord Duncans mitschuldig ist, und nimmt sich schließlich das Leben.

Dass Franz zudem fest davon überzeugt ist, auch von seinen Bediensteten verleumdet und hintergangen zu werden, deutet auf eine Abwehr seiner eigenen Schuldgefühle durch Übertragung auf andere hin – ein Verhalten, das die Psychoanalyse als Projektion bezeichnet. Konkrete Anknüpfungspunkte an Freuds Analytik des Unbewussten bietet auch Franz' Be-

1 Walter Hinderer, »Die Räuber«, in: W. H. (Hrsg.), *Interpretationen. Schillers Dramen*, Stuttgart 1992 [u. ö.], S. 11–67, hier S. 26.

2 Friedrich Schiller, *Sämtliche Werke*, Bd. 5: *Philosophische Schriften. Vermischte Schriften*, mit Anm. von Helmut Koopmann, München [6]2005, S. 61 (»Über den Zusammenhang der tierischen Natur des Menschen mit seiner geistigen«, § 15).

schreibung des »wunderliche[n]«, »lustigen Traum[s]« (129,3–6). Allerdings schließt die apokalyptische Vision, von der er erzählt, auch an alttestamentliche Vorstellungen vom Jüngsten Tag an, wie Daniel bemerkt (»Das ist ja das leibhaft Konterfei vom Jüngsten Tage.«, 130,15). Schiller motiviert Franz' Fiebertraum insofern vor allem mit der großen moralischen Schuld, die auf ihm lastet und im Drama religiös gedeutet wird (nicht zuletzt durch den Auftritt des Pastors Moser). Während Franz gegenüber seinem Diener versucht, die Wirkungen des Traums zu relativieren (»Träume kommen ja aus dem Bauch, und Träume bedeuten nichts«, 129,5 f.), deutet ihn Daniel als Vorbote einer rächenden, göttlichen Gerechtigkeit: »Träume kommen von Gott. Ich will für Euch beten.« (131,26) Am Ende lässt Schiller offen, ob der Suizid eher als eine der zeitgenössischen Theologie nach blasphemische Tat zu verstehen ist oder er sich nicht vielmehr als die letzte Konsequenz eines psychischen Krankheitsbilds fassen lässt: »Und Krankheit verstöret das Gehirn, und brütet tolle und wunderliche Träume aus« (129,2–4).

Unterrichtsverlauf

Überblick. Das Foto einer Szene aus der berühmten *Räuber*-Inszenierung Peter Zadeks vergegenwärtigt den Schülerinnen und Schülern das Zusammenwirken von Rollendarstellung und Bühnenbild und macht sie mit einem Ereignis der jüngeren Theatergeschichte bekannt. In einer binnendifferenzierten Gruppenarbeit beschäftigen sie sich mit den Monologen Franz Moors, um die psychologische Dimension der Figur näher zu verstehen. Dabei recherchieren und erschließen sie sich eigenständig die charakterlichen Eigenarten des Protagonisten. Durch die Auseinandersetzung mit dem Dialog von Franz und dem Diener ziehen sie zuletzt auch einen religiösen Erschließungskontext zur Deutung von seinen »Träumen« heran. ! **Verkürzter Verlauf: 6.1 – 6.2**

Phase	Thema	Sozialform	Kompetenzen und Lernziele	Materialien
Voraussetzung: Kenntnis des Dramas einschließlich der Ersten Szene des Fünften Akts				
6.1	Einstiegsphase: Theater als Revolte – Peter Zadeks *Räuber*-Inszenierung von 1966	UG	• Fotografische Zeitzeugnisse beschreiben und einordnen • Theaterinszenierungen kennenlernen und reflektieren • Die Zusammenwirkung von Figurendarstellung und Bühnenbild vergegenwärtigen	VORLAGE 6a ➤ S. 52
6.2 *	Franz Moor: Manipulator und Mann mit vielen Gesichtern (II,1; IV,2)	GA / UG	• Die Monologe nach Inhalt und sprachlicher Gestaltung detailliert erschließen • Texterschließungstechniken anwenden	VORLAGE 6b ➤ S. 53 ARBEITSBLATT 6 ➤ S. 55
6.3 fakultativ	»Träume kommen …« – woher? Die Positionen der Dialogpartner im Vergleich	EA / UG	• Den unterschiedlichen Begründungskontext divergierender Erklärungsmodelle nachvollziehen	VORLAGE 6c ➤ S. 54
HA	Vorbereitende Lektüre der Zweiten Szene des Fünften Akts (Schlussszene)			*Die Räuber*, Reclam XL, 139,22–149,19

6.1 Einstiegsphase: Theater als Revolte – Peter Zadeks *Räuber*-Inszenierung von 1966

Unterrichtsschritt. Die Schülerinnen und Schüler kennen den Vierten sowie den Anfang des Fünften Akts, in dem Franz Moors Mordpläne, aber auch seine Selbstzweifel auf die Spitze getrieben werden. Im Dialog mit dem Diener (Daniel) treten massive Angst- und Schuldgefühle an die Oberfläche, die Franz jedoch als bloße »Träumereien« zu relativieren versucht. – Eine Annäherung an die Situation des Protagonisten kann mithilfe der VORLAGE 6a ***Inszenierung der »Räuber«*** erfolgen, auf der ein Foto von der Inszenierung der *Räuber* von Peter Zadek am Bremer Theater (1966) abgebildet ist. Zu sehen ist Franz Moor, hier gespielt von Bruno Ganz, UG VORLAGE 6a ➤ S. 52

der im Monolog offenbar um Fassung ringt und von seinem Gewissen eingeholt wird. Zusammen mit dem Bühnenbild im Hintergrund regt die Fotografie die Lerngruppe dazu an, Assoziationen zur Bildsemantik zu sammeln, die Inszenierung zeitlich einzuordnen und die Szene im Kontext des Dramas zu verorten.

Leitfragen:
- Was sehen Sie, welche Situation wird hier vorgestellt? Beschreiben Sie Ihre Bildeindrücke.
- Um welches Medium handelt es sich bei diesem Bild? Aus welcher Zeit bzw. welchen Jahren stammt die Aufnahme? Geben Sie eine Einschätzung ab.
- Bringen Sie Ihre Bewertung mit Ihren Leseeindrücken aus den Räubern in einen Zusammenhang. Welche Dramenfigur könnte die Person auf dem Foto verkörpern und warum? Ziehen Sie konkrete Szenen zur Begründung heran.

VORLAGE 6a

Inszenierung der *Räuber*

Inszenierung der *Räuber* von Peter Zadek, Bremen 1966. Bühnenbild von Wilfried Minks. – Akademie der Künste, Berlin, Sammlung Gauker. Foto: Gabriele Pagenstecher

Erläuterungen zur VORLAGE 6a. Das Foto stammt von der Bremer Inszenierung der *Räuber* von Peter Zadek 1966, den die Premiere des Stücks schlagartig bekannt machte. Das Bühnenbild wurde von Wilfried Minks entworfen, der es in unverkennbarer Anlehnung an die Comic-Kunst von Roy Liechtenstein entwickelte und der Inszenierung somit einen popkulturellen Referenzrahmen verlieh. Dieser wurde von Regisseur Zadek durch Anleihen an Western und Horrorfilmen noch unterstrichen. Zadek setzte bei seiner Schiller-Inszenierung auf die Konfrontation des Klassikers mit der Moderne und ließ Schillers Text und die im Bühnenbild präsenten Comic-Zitate parallel laufen (Bernd Zegowitz, »Schiller auf der Bühne«, in: Matthias Luserke-Jaqui, (Hrsg., *Schiller-Handbuch. Leben – Werk – Wirkung*, Sonderausgabe, Stuttgart 2011, S. 592). Während die Bremer Inszenierung von der Kritik heute als beispielhaft gelobt wird, reagierte das Publikum seinerzeit gespalten – was zu einem Teil mit dem überwiegenden Konservatismus der jungen Bundesrepublik erklärt werden kann. Bruno Ganz' Darstellung des Franz Moor sticht aus der Aufführungsgeschichte der *Räuber* auch deshalb heraus, weil seine Optik vom Maskenbildner (ebenfalls Minks) textgetreu durchkomponiert worden war: So trug Ganz eine affenartige Halbmaske zur Schau, die zusammen mit abstehenden Ohren, den betonten Knopfaugen und geschminkten Lippen den Monolog in der Eingangsszene eindrücklich unterstrich. Allerdings ist nicht zweifelsfrei zu rekonstruieren, in welchem Szenenzusammenhang er hier abgebildet ist. Mit der oben vorgeschlagenen Einordnung ist es jedoch möglich, ihn in einer der monologischen Situationen im Vierten und Fünften Akt zu verorten. Je nach Qualität des Unterrichtsgesprächs zur Bilddeutung kann diese Annahme durch die Beiträge der Lerngruppe gestärkt oder kritisch diskutiert werden.

6.2 Franz Moor: Manipulator und Mann mit vielen Gesichtern (II,1; IV,2)

GA / UG

Unterrichtsschritt. Die Lerngruppe rekapituliert die Handlung in Szene IV,2: das Wiedersehen im Moorischen Schloss und seine Auswirkungen auf die Protagonisten. Im Anschluss analysieren die Schülerinnen und Schüler in Gruppenarbeit jeweils einen von Franz' Monologen mithilfe der nach Schwierigkeit binnendifferenzierten Arbeitsaufträge auf dem ARBEITSBLATT 6 ***Franz' Monologe.*** In Kurzpräsentationen stellen die Kleingruppen ihre Ergebnisse im Unterrichtsgespräch VORLAGE 6b ***Franz' Beurteilung seiner Lage (IV,2)*** vor. Abschließend setzen sich die Schülerinnen und Schüler kritisch mit dem Zitat aus der Szene IV,2 auseinander.

VORLAGE 6b ➤ S. 53
ARBEITSBLATT 6 ➤ S. 55

Leitfragen zur VORLAGE 6b:

- Wie verstehen Sie Franz' Aussage? Welche »Todsünden« und »Ufer« sind gemeint?
- Können Sie seiner Meinung zustimmen? Wägen Sie ab, welche Gründe zu seiner Ansicht geführt haben.
- Überlegen Sie, welche Handlungsalternativen es in Franz' Situation geben könnte.

VORLAGE 6b

Franz' Beurteilung seiner Lage (IV,2)

»Bin ich doch ohnehin schon bis an die Ohren in Todsünden gewatet, dass es Unsinn wäre zurückzuschwimmen, wenn das Ufer schon so weit hinten liegt – Ans Umkehren ist doch nicht mehr zu gedenken«.

Die Räuber, Reclam XL, 99,2–5

Erläuterungen zum Unterrichtsgespräch. Mit der zitierten Aussage bezieht sich Franz auf seine Intrige, die er zum Verstoß des Bruders aus der Familie und zur Absetzung des eigenen Vaters gesponnen hat. Die bereits getroffenen Vorkehrungen zur Eliminierung und Auslöschung beider reflektiert er als »Todsünden«, die später (im Fünften Akt) in der Begrifflichkeit des (versuchten) Bruder- und Vatermords konkretisiert werden. Zwar hat Franz seine bösartigen Ziele vor allem durch Anstiftung zur Mittäterschaft verfolgt: So hat er Hermann genauso zum Korrespondenten der Todesnachricht gedungen, wie er den Brudermord nun an den Diener zu delegieren beabsichtigt. Nichtsdestotrotz gehen beide Taten auf sein Konto, trifft ihn die volle Verantwortung. Was den Vatermord betrifft, trägt er mit der Geiselnahme des Alten Moor schon zum Zeitpunkt der Handlung im Vierten Akt große Schuld, da er den Alten ins Verlies hat sperren und verhungern lassen (und von der spärlichen, gerade lebenserhaltenden Maßnahme Hermanns gar keine Kenntnis hat). All dies eingerechnet, kann Franz' Selbsteinschätzung als im Ansatz realistisch eingeordnet werden: Das »Ufer« der Zivilisation und des Rechts hat er lange hinter sich gelassen. Jedoch mischen sich in seine Rechtfertigung gerade dort unmenschliche und irrationale Motivationen, wo er der Folgerichtigkeit und Konsequenz seiner verbrecherischen Handlungsweise eine höhere Priorität zuspricht als der Umkehr in ein den Gesetzen und der Humanität gemäßes Handeln. Im Entschluss nämlich geht seine Selbsteinschätzung fehl: Ans Umkehren ist sehr wohl zu denken, zu jedem Zeitpunkt – nur müsste er in diesem Szenario eben damit rechnen, für seine Taten einstehen zu müssen (und strafrechtlich belangt werden zu können). Das Unterrichtsgespräch kann mit diesem Bewertungsansatz entweder bereits zur nächsten Unterrichtseinheit überleiten oder zu einer kurzen Abschlusssequenz, die das psychotische Traumgebilde Franz Moors in den Blick nimmt.

6.3 »Träume kommen …« – woher? Die Positionen der Dialogpartner im Vergleich (fakultativ)

EA / UG

VORLAGE 6c

➤ S. 54

Unterrichtsschritt mit Erläuterungen. Die Schülerinnen und Schüler lesen gemeinsam die Szene v,1 bis zum Auftritt von Pastor Moser (127,1–132,12). Dabei erleben sie den Dialog von Franz und Daniel als ein angstbesetztes Streitgespräch, bei dem unterschiedliche Ansätze zur Bedeutung und Bewertung von Träumen – wie Franz sie hat – zur Sprache kommen. In Einzelarbeit stellen die Schülerinnen und Schüler die Argumente der beiden Akteure in einer Übersicht zusammen, die in der Form einer Grafik oder Mindmap (VORLAGE 6c ***Bedeutung von Träumen***) angeordnet werden können. In der Gegenüberstellung der Sichtweisen lässt sich so eine psychologische bzw. deistische (Franz) von einer religiösen bzw. theologischen Deutung (Daniel) differenzieren. Die Ergebnisse können im Rahmen des abschließenden Unterrichtsgesprächs besprochen und hinsichtlich des Suizids perspektiviert werden.

Deistische Positionen (die von der Annahme ausgehen, dass Gott zwar die Welt geschaffen hat, aber nicht mehr in ihr wirkt) und theologische Positionen repräsentieren zwei im 18. Jahrhundert gängige – und sehr umstrittene – grundsätzliche Haltungen zur Gottesfrage, bei denen sich Aufklärer (Deismus) und Theologen gegenüberstanden und die hier am Beispiel der Traumdeutung veranschaulicht werden.

VORLAGE 6c

Bedeutung von Träumen

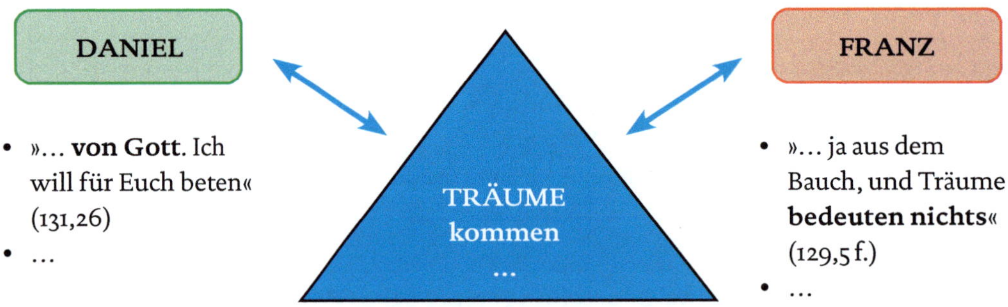

- »… **von Gott**. Ich will für Euch beten« (131,26)
- …

- »… ja aus dem Bauch, und Träume **bedeuten nichts**« (129,5 f.)
- …

Hausaufgabe

Vorbereitende Lektüre der Zweiten Szene des Fünften Akts (Schlussszene; *Die Räuber*, Reclam XL, 139,22–149,19).

ARBEITSBLATT 6

Franz' Monologe

Arbeitsaufträge zur Vorbereitung einer Kurzpräsentation

Gruppe A: Franz – ein Medizinphilosoph?

Lesen Sie folgenden Textabschnitt: **Zweiter Akt, Erste Szene; Reclam XL, 43,3–44,6** (Anfang des Monologs).

Arbeitsaufträge:

1. Welche Pläne verfolgt und erörtert Franz Moor im Monolog? Klären Sie ggf. unbekannte Begrifflichkeiten und notieren Sie seine Ziele.
2. Wie schätzen Sie Franz Gefühls- und Erregungszustand während des Monologs ein?
3. Sammeln Sie gemeinsam mit Ihrem Partner die Hypothesen, die Franz über das Zusammenwirken von Körper und Geist anstellt, und beurteilen Sie diese.

*4. Kennen Sie konkrete Beispiele für ein solches Zusammenwirken von Physis und Psyche? Erwägen Sie gesellschaftliche Gegenwartsbezüge.

Gruppe B: Franz – Alchemist der Emotionen

Lesen Sie folgenden Textabschnitt: **Zweiter Akt, Erste Szene; Reclam XL, 44,7–45,4** (Fortsetzung des Monologs).

Arbeitsaufträge:

1. Klären Sie unbekannte Begrifflichkeiten und recherchieren Sie sie gegebenenfalls mittels Online-Recherche. Notieren Sie Ihre Ergebnisse in Form eines Glossars bzw. eines kleinen Anmerkungsapparats.
2. Unterstreichen Sie die Emotionen, die Franz im Monolog benennt und erörtern Sie ihren Zusammenhang mit der Dramenhandlung.
3. Welches Ziel verfolgt Franz und welche Mittel erwägt er, um dieses zu erreichen? Diskutieren Sie seine Pläne gemeinsam mit Ihrem Partner bzw. Ihrer Partnerin.

*4. Erwägen Sie den kriminalistischen Aspekt des Vorhabens.

Gruppe C: Franz, der Gesichtsforscher

Lesen Sie folgenden Textabschnitt: **Vierter Akt, Zweite Szene; Reclam XL, 98,9–99,12**.

Arbeitsaufträge:

1. Welche Entdeckung macht Franz Moor und in welchen Handlungszusammenhang ist sein Monolog einzuordnen?
2. Halten Sie in Stichpunkten fest, welche Gesichter er ins Visier nimmt und weshalb.
3. Wie schätzen Sie Franz Gefühls- und Erregungszustand während des Monologs ein?
4. Beziehen Sie auch die Regie- und Nebenbemerkungen mit ein. Erstellen Sie ein Wortfeld mit Adjektiven, die seine subjektive Wahrnehmung der Situation beschreiben.

Gruppe D: Franz, ein Nihilist

Lesen Sie folgenden Textabschnitt: **Vierter Akt, Zweite Szene; Reclam XL, 103,15–21, 103,31–104,21** (Achtung: mit kleinen Auslassungen).

Arbeitsaufträge:

1. Klären Sie unbekannte Begrifflichkeiten und recherchieren Sie sie ggf. online. Notieren Sie Ihre Ergebnisse in Form eines Glossars.
2. Welches Ziel verfolgt Franz und wie rechtfertigt er sein Vorgehen? Diskutieren Sie seine Argumente gemeinsam in der Gruppe.

*3. Informieren Sie sich eigenständig über das hinter dem Begriff des Nihilismus stehende Denkmodell. Fassen Sie Ihre Ergebnisse kurz zusammen.

7 Eine Familientragödie? Den »Vatermord« bewerten (IV,5; V,2)

Sachanalyse

Zu den längsten Szenen des Dramas gehören die Fünfte Szene des Vierten Akts sowie die letzte Szene, die zunächst von der Rettung des Alten Moor und der Zusammenführung der Familie handeln. Im dramaturgischen Kontext bewirkt das Aufeinandertreffen des Alten Moor mit Karl noch einmal eine Spannungssteigerung, die das »retardierende« Moment markiert und die Katastrophe verzögert. Zwar scheint eine Lösung der Konflikte durch die Annäherung von Vater und Sohn möglich; spätestens mit dem Tod des Alten Moor aber steuert das Handlungsgeschehen auf eine Katastrophe zu. Deren Tragik ergibt sich nicht zuletzt auch aus dem Umstand, dass Karl am Tode des Vaters nur mittelbar Schuld trägt. Im Gegensatz zu Amalia wird der Vater nicht von Karl ermordet, auch gerät er nicht zum Opfer der exklusiven Gruppendynamik der Räuber. Im Gegenteil: Als Schweizer zusammen mit einigen Räubern hinzukommt, um Karls Vater kennenzulernen, tritt er »*ehrerbietig näher, fällt vor ihm nieder*«, um ihm sogleich die Rechte des Hauptmanns zu übertragen: »Vater meines Hauptmanns! Ich küsse dir die Füße! du hast über meinen Dolch zu befehlen.« (124,33–35) Vielmehr führen die Verwicklungen am Ende des Vierten und zu Beginn des Fünften Akts dazu, dass Franz nicht mehr lebend zu Karl und dem Alten gebracht werden kann und somit die Möglichkeit zur familiären Versöhnung ausbleibt.

Dagegen folgt Karls Selbstentdeckung als Räuberhauptmann, die praktisch (und das heißt, durch seine rhetorische Performativität) einem Todesstoß des Alten gleichkommt: »Stirb Vater! Stirb durch mich zum dritten Mal! – Diese deine Retter sind Räuber und Mörder! Dein Karl ist ihr Hauptmann!« (144,8–10). Dass der alte Moor daraufhin »*seinen Geist auf[gibt]*« (144,11), wie es in den Nebenbemerkungen heißt, überrascht aber auch deshalb nicht, als bereits zuvor im Drama die schwächliche Konstitution des Vaters und denkbaren Wechselwirkungen zwischen Geist und Körper thematisiert worden sind (wenngleich eher Franz mit diesen kalkuliert hatte). Außerdem hatte Karl das Motiv des »Vatermords« schon im vorherigen Lautenspiel angedeutet. In der Fünften Szene des Vierten Akts hatte er einen lyrischen Dialog zwischen Brutus und Cäsar vorgeführt, der von Brutus' Mordkomplott an seinem Adoptivvater Cäsar (44 v. Chr.) handelte. Neben der Vorbildfigur Catilinas für seinen Protagonisten hatte Schiller in der Vorrede auch auf die Modellhaftigkeit von Brutus' Mordtat für den Dramenschluss hingewiesen. Beide römischen Heldenentwürfe hatte er der römischen Geschichte entnommen, möglicherweise vermittelt über Sallusts *De coniuratione catilinae* bzw. Plutarchs *Vitae parallelae*. Karls Lautenspiel im Vierten Akt bereitet die denkbar gegensätzlichen Bewertungen des Mordes an der als Role Model vorgestellten Vaterfigur aus der Perspektive von Brutus und Cäsar allegorisch auf. Obwohl Cäsar den »Todesstoß von Brutus' Schwerte« (118,6) naturgemäß verurteilt, dominiert in seinen zwei Strophen vor allem die Enttäuschung über das zerstörte Vater-Sohn-ähnliche-Verhältnis (»Auch du – Brutus – du? / Sohn – es war dein Vater – Sohn – die Erde / Wär gefallen dir als Erbe zu«, 118,7–9). Brutus' Strophen hingegen motivieren den Mord an Cäsar damit, dass es nicht zwei Männer ihresgleichen geben könne: »Wo ein Brutus lebt, muss Cäsar sterben, / Geh du linkswärts, lass mich rechtswärts gehn.« (118,25 f.)

Für eine Deutung der Familientragödie lassen sich daraus unterschiedliche Schlüsse ziehen. So eröffnet Karls Lautenspiel die fragwürdigen Beweggründe für den (zum Zeitpunkt der Handlung vorausgeahnten) Mord am Vorbild, dem in geschichtlicher Hinsicht ein als zwiespältig zu begreifendes Heldenideal vorausgeht. In moralischer Hinsicht haben Brutus alias Franz und Karl Moor gegen das alttestamentliche (Ur-)Gebot, den Vater zu ehren, verstoßen – und sich somit auch um die traditionale Rolle gebracht, ihm nachfolgen zu können. Eine andere Perspektive auf Brutus' Strophen eröffnet wiederum die psychologische, die den Konflikt zwischen Vater und Sohn in einem (ödipalen) Rivalitätsverhältnis deutbar macht. Mit dem Ödipus-Mythos teilt das *Räuber*-Drama das gemeinsame Thema des Patrizids, das bereits im 5. Jahrhundert v. Chr. von Sophokles in *König Ödipus* dramatisch bearbeitet wurde.

Einschlägige Deutungen für die psychoanalytische Literaturwissenschaft bieten Freuds Ansätze zum Vatermord[1], der diesen in Anlehnung an die Ödipus-Erzählung als das »Haupt- und Urverbrechen der Menschheit wie des einzelnen«[2] und als »Hauptquelle des Schuldgefühls«[3] bezeichnete. Wie er in *Dostojewski und die Vatertötung* feststellt, sei das »Verhältnis

1 Christian Grawe, *Erläuterungen und Dokumente. Friedrich Schiller: »Die Räuber«*, Stuttgart 2009 [u. ö.], S. 229 f. [»VII. Dokumente zur Deutungsgeschichte«].

2 Ebd., S. 229.

3 Ebd.

des Knaben zum Vater« ein »ambivalentes«[4], das von gleichermaßen Rivalitätsgefühlen und Zärtlichkeit gegen den Vater geprägt sei und sich aus der ödipalen Dreieckssituation des Kindes erkläre. Zwar werde der »Wunsch nach dem Besitz der Mutter« durch die Kastrationsangst diszipliniert und gehemmt, so dass der Vatermord in der Regel nicht ausgeführt werde. Allerdings bliebe dieser meistens latent im Unbewussten bestehen, wo er »die Grundlage des Schuldgefühls«[5] bilde. Nun bleibt zwar die Mutterfigur im Drama gänzlich ausgeblendet, zumal Freud seine Thesen ein Jahrhundert nach Schiller entwickelte. Wohl aber verband beide die Kenntnis derselben mythologischen Erzählung, die im Vatermord gipfelte: Sophokles' *König Ödipus* (ebenso wie Shakespeares Drama *Julius Caesar*) stellte bereits zum Ende des 18. Jahrhunderts eine bekannte dramatische Referenz und einen literarischen Resonanzraum dar, dessen sich Schiller mit viel Anspielungsreichtum bediente.

4 Ebd.
5 Ebd., S. 230.

Unterrichtsverlauf

Überblick. Vor dem Hintergrund der römischen Geschichtsschreibung, an der sich Schiller orientierte (z. B. der Ermordung Cäsars durch Brutus), reflektieren die Schülerinnen und Schüler die Lösung des dramatischen Konflikts. Anhand des geschlossenen Dramenmodells vertiefen sie ihr Verständnis der Schlüsselszenen im Vierten und Fünften Akt. Dabei erfassen sie die Grundthematik des Vatermords in seiner modellhaften und psychologischen Tragweite und erwägen alternative Möglichkeiten des Endes. ! **Verkürzter Verlauf: 7.1 – 7.2 – 7.3 – 7.4**

Phase	Thema	Sozialform	Kompetenzen und Lernziele	Materialien
Voraussetzung: Kenntnis des gesamten Dramas				
7.1	Einstiegsphase: »… notwendig entweder ein Brutus oder ein Catilina zu werden« – Schillers Heldenentwürfe	UG / LV	• Kenntnisse der römischen Geschichte aktualisieren • Historische Kontextinformationen anhand von Bild-Narrativen eigenständig erschließen • Transfer: diachrone Bezüge ermitteln	VORLAGE 7a › S. 59
7.2	Das große Wiedersehen (Anagnorisis): die Situation im Fünften Akt	UG	• Sich einen Überblick über die Handlung verschaffen • Eine Szene innerhalb des dramatischen Spannungsbogens verorten	TAFELBILD 5a › S. 46 VORLAGE 7b › S. 60
7.3	Das Opfer als Lösung? Den Dramenschluss bewerten	EA / UG	• Das Ende des Dramas kritisch reflektieren • Die Handlungsmotivation des Protagonisten nachvollziehen • Wissenschaftliche Deutungsansätze kennenlernen und verstehen	ARBEITSBLATT 7a › S. 63 TAFELBILD 7 › S. 61
7.4	Vorahnung und Anspielung des Vatermords im Brutus-Cäsar-Lied	PA / UG	• Textinterpretationstechniken anwenden • Eine stoffliche Parallele erkennen • Die Erschließung besonderer sprachlicher und ästhetischer Mittel schulen und deren dramaturgische Funktion begreifen	ARBEITSBLATT 7b › S. 64 f.
7.5 **fakultativ**	Tragödie oder Happy End? Das Ende reinszenieren	GA *	• Das Ende des Dramas in einer persönlich-kreativen Form hinterfragen • Eine Szene in Gruppenregie neu verdichten und aufführen	
HA	Ideen zur Reinszenierung vervollständigen und eine Gruppenpräsentation vorbereiten			

7.1 Einstiegsphase: »… notwendig entweder ein Brutus oder ein Catilina zu werden« – Schillers Heldenentwürfe

UG / LV

VORLAGE 7a
➤ S. 59

Unterrichtsschritt. In Schillers Vorrede zum Drama (VORLAGE 7a ***Rom im Sinn: Schiller über Karl Moors Vorbilder***) begegnen die Schülerinnen und Schüler einer Kurzcharakterisierung von Karl Moor, die Aufschluss über seine historischen Vorbilder (Brutus und Catilina) gibt. Mithilfe zweier Bilder werden die zentralen Hintergrundinformationen zu beiden Persönlichkeiten geklärt, indem mögliches Vorwissen zum Thema aktualisiert und durch einen Lehrervortrag ergänzt wird. Dabei erfasst die Lerngruppe den Gewaltaspekt beider Verschwörungen und denkt über die Gemeinsamkeiten von Karl Moors Taten mit den geschichtlichen Personen nach. Idealerweise regt der visuelle Impuls die Schülerinnen und Schüler dazu an, von der Ebene des Dargestellten einen Transfer zur Dramenhandlung der *Räuber* im Fünften Akt zu leisten.

Leitfragen:
- Lesen Sie die Passage aus Schillers Vorrede aufmerksam. An welche beiden Personen aus der Geschichte lehnt er Karl Moor an?
- Wer war Brutus und in welchem Verhältnis stand er zu Cäsar? Erschließen Sie sich mithilfe des Gemäldes weitere Kontextinformationen über die geschichtlichen Vorgänge.
- Betrachten Sie das Fresko Maccaris und beschreiben Sie die dargestellte Situation. Welche Person würden Sie als Catilina identifizieren und warum? Stellen Sie Hypothesen über den Ausgang seiner Verschwörung an.
- Suchen Sie nach Gemeinsamkeiten zwischen Karl Moor und den beiden aufgerufenen Persönlichkeiten aus der römischen Geschichte.

Erläuterungen zur VORLAGE 7a und zum Lehrervortrag. Die auf der VORLAGE 7a abgedruckte Passage entstammt Schillers Vorrede zum Drama und enthält einen gewichtigen Hinweis für das Verständnis von Karl Moors Handlungsmotiven. Schiller legt dem Publikum nahe, sich bei seinem Protagonisten an zwei wichtigen Persönlichkeiten aus der römischen Geschichtsschreibung orientiert zu haben: zum einen an Marcus Iunius Brutus, einem überzeugten Republikaner, der zusammen mit Cassius die Verschwörung gegen Cäsar (44 v. Chr.) anführte, um dessen Alleinherrschaft zu beenden; zum anderen an Lucius Sergius Catilina, einem Aspiranten für das Amt des Konsuls, der zu Lebzeiten Ciceros und Sullas (63 v. Chr.) durch Aufwiegelungen eines Volksteils versucht hatte, einen Staatsumsturz herbeizuführen. Obwohl Brutus' Mordplan an Cäsar moralisch fragwürdig war, da dieser ihn zeit seines Lebens gefördert und als Vertrauten betrachtet hatte, war er erfolgreich: In einem gemeinschaftlichen Attentat wurde Cäsar durch 23 Messerstiche getötet, wobei Brutus ihm, dem Förderer und Ziehvater, den Todesstoß versetzt haben soll (in diesem Sinne stellt auch Camuccinis Gemälde die Bluttat dar). Catilinas Verschwörung zwanzig Jahre zuvor hingegen schlug fehl, da sein geplanter Mordanschlag auf mehrere hochrangige Politiker und Konsuln der Republik vorzeitig entdeckt werden konnte. Catilinas Verschwörung gilt in der Geschichtsschreibung heute u. a. wegen seiner eigennützigen Motive und Anklage vor dem Senat als Beispiel einer populistischen Staatsaufwiegelung. Maccaris Fresko zeigt die Außenseiterposition Catilinas, die er nach der Aufdeckung seiner Verschwörung vor dem Senat bekleidete. Die Abbildung zeigt den Moment der Anklage Catilinas durch Cicero, der mangels Beweise keinen direkten Schuldspruch des Kontrahenten erzielen konnte, ihn aber durch seine geschickte Rhetorik zum politischen Rückzug ins Exil zwang.

Eine Verbindung zu Karl Moors Handlungsorientierung kann von beiden geschichtlichen Figuren aus über das Moment der »Verschwörung« hergestellt werden; Karl probt den Aufstand gegen die traditionale, vom »Vater« hergebrachte Ordnung, übertritt dabei aber die Gesetze und verübt illegitime Gewalttaten. Während er mit Catilina und Brutus insofern die Anführerschaft einer Gruppe von Verschwörern teilt, emanzipiert er sich am Ende vom Vorbild Catilinas, indem er sich seiner Verantwortung stellt. Die Parallele zu Brutus motiviert Schiller mit dem modellhaften Patrizid (Vatermord) an Cäsar, obwohl Karl seinerseits am Tod des Alten nur indirekt Schuld trägt.

VORLAGE 7a

Rom im Sinn: Schiller über Karl Moors Vorbilder

»Nächst an diesem [Franz Moor] stehet ein anderer [Karl Moor], der vielleicht nicht wenige meiner Leser in Verlegenheit setzen möchte. Ein Geist, den das äußerste Laster nur reizet um der Größe willen, die ihm anhänget, um der Kraft willen, die es erheischet, um der Gefahren willen, die es begleiten. Ein merkwürdiger, wichtiger Mensch, ausgestattet mit aller Kraft, nach der Richtung, die diese bekömmt, notwendig entweder ein **Brutus** oder ein **Catilina** zu werden. Unglückliche Konjekturen entscheiden für das Zweite, und erst am Ende einer ungeheuren Verirrung gelangt er zu dem Ersten.«

Die Räuber, Vorrede, Reclam XL, 4,17–26

1. **Brutus** ermordet Cäsar (44 v. Chr.)

Vincenzo Camuccini: *La morte di Cesare* (ca. 1804–05); dt.: Die Ermordung Cäsars

Cesare Maccari: *Cicerón denuncia a Catilina* (Fresko, 1889); dt.: Cicero klagt Catilina an

7.2 Das große Wiedersehen (Anagnorisis): die Situation im Fünften Akt

UG

TAFELBILD 5a
➤ S. 46
VORLAGE 7b
➤ S. 60

Unterrichtsschritt. Die Schülerinnen und Schüler haben Kenntnis vom gesamten Drama, einschließlich des Endes. Gestützt auf die erste Hälfte der Szene V,2 (139,22–144,13) erfasst die Lerngruppe die Situation im Wald als ein familiäres Wiedersehen, das zwei Möglichkeiten impliziert: die der Versöhnung, aber auch die der finalen Katastrophe. Mit dem Tod des Alten und dem berichteten Selbstmord Franz Moors schlägt die zuvor greifbare Aussöhnung in ihr Gegenteil um (Peripetie). Ebenso ermessen die Schülerinnen und Schüler die Bedeutung der Erkenntnis (Anagnorisis) bzw. Aufdeckung von Karls Identität für den Handlungsverlauf. Das TAFELBILD 5a stößt die gemeinsame Reflexion und Verortung der Situation im Fünften Akt innerhalb des dramatischen Spannungsbogens an: So wird das bereits in der 5. Stunde nachvollzogene Modell zum Aufbau des Dramas um die fehlenden Einträge zum Vierten und Fünften Akt komplettiert (VORLAGE 7b ***Die Zuspitzung der Handlung im Vierten und Fünften Akt***).

Leitfragen:
- Wen entdeckt Karl Moor im Wald und welche Ereignisse haben sich in den letzten drei Monaten zugetragen?
- Welche Absicht verfolgt er, indem er seine Kameraden zum Schloss schickt?
- Warum zögert er, sich zu offenbaren? Welche Rolle spielt Amalia in dem Wiedersehen mit dem Alten?
- Nehmen Sie das Dramenmodell aus der 5. Stunde zur Hand und ergänzen Sie es um die fehlenden Einträge zum Vierten und Fünften Akt.

VORLAGE 7b

Die Zuspitzung der Handlung im Vierten und Fünften Akt

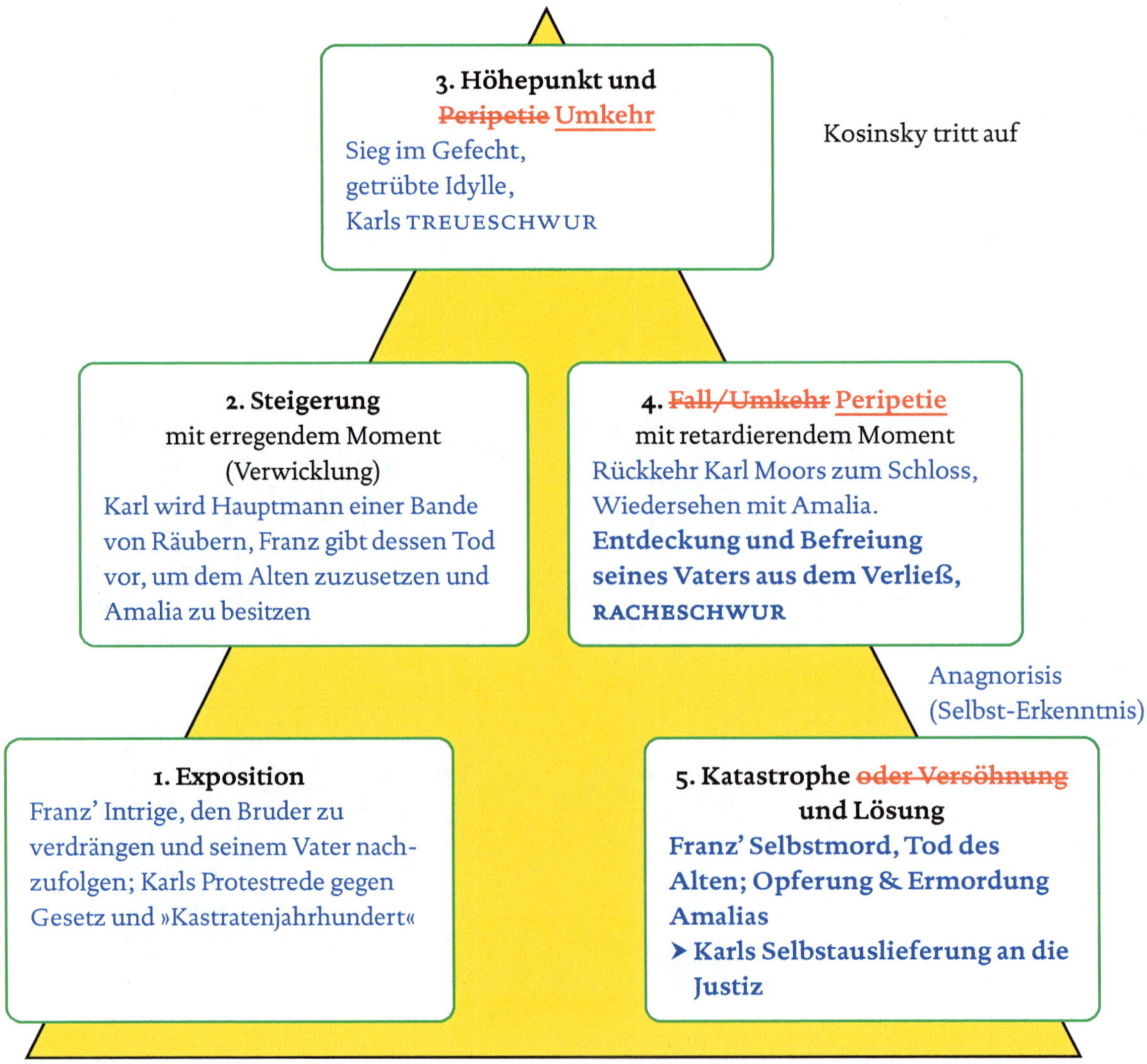

Erläuterungen zu VORLAGE 7b. Rote Schrift kennzeichnet Korrekturen, Fettschrift die Ergänzungen gegenüber dem TAFELBILD 5a.

7.3 Das Opfer als Lösung? Den Dramenschluss bewerten

UG / EA

Unterrichtsschritt. Die Schülerinnen und Schüler reflektieren den Tod des Alten und die Opferung Amalias als ein katastrophales Ende des Dramas. Indem sie den zweiten Teil der letzten Szene (144,14–149,19) noch einmal in verteilten Rollen lesen, machen sie das nun gekippte Dominanzverhältnis zwischen den Räubern und dem Liebespaar als Grundlage für die Erpressung Karl Moors und der Eskalation der Gewaltspirale aus. Sie vertiefen dies, indem sie sich mit einer Auswahl von wissenschaftlichen Forschungsansichten zu Schillers *Räubern* (ARBEITSBLATT 7a ***Drei Forschungsansichten zu Schillers »Räubern«***, Texte von Oellers und Borchmeyer auch in der Ausgabe Reclam XL, S. 193 f.) in Einzelarbeit befassen. Die Ergebnisse werden diskutiert und im TAFELBILD 7 festgehalten.

ARBEITSBLATT 7a ➤ S. 63
TAFELBILD 7 ➤ S. 61

TAFELBILD 7

Drei Interpretationsansätze

Norbert Oellers	Benno von Wiese	Dieter Borchmeyer
• Biografischer Bezug zu Schiller: Aufstand gegen den Vater, Herzog Carl Eugen und Gott • Die Katastrophe im Drama hat aber keine Entsprechung in der Realität, da das Drama als solches den Protest gegen die Ungerechtigkeit wachhält und weiterträgt	• Der »Einbruch des Bösen« bedeutet »Auflösung der Familie« an sich, d. h. der (patriarchalen) Weltordnung • Karl gerät »in eine ungeheure Verirrung«, er befindet sich auf einem Irrweg ins »Böse«	• Die Räuberbande Karls ist von Anfang an eine »Ordnung des Hasses«, keine progressive (republikanische) Alternative zur herrschenden feudalen Ordnung • Mit dem in der Räuberbande herrschenden »Egoismus und […] Recht des Stärkeren« entspricht sie vielmehr der absolutistischen Ordnung
Oellers bringt Schillers biografische Erfahrungen und Prägungen mit den Protagonisten in Zusammenhang, gesteht dem Drama aber seine Eigenständigkeit und gesellschaftliche Funktion gegenüber der Realität des 18. Jahrhunderts zu ➤ Die *Räuber* repräsentieren Überindividuelles, sind auch heute noch aktuell	Benno von Wiese beurteilt den Protagonisten aus einer eher sozialdynamischen und sittlichen Perspektive, indem er auf Karls ›unmoralischen‹ Ausbruch aus der Familie fokussiert. Gleichzeitig sieht er die Dominanz von Männerfiguren kritisch und wertet deren Krise als eine Krise patriarchalischer Weltordnung insgesamt.	Borchmeyer kritisiert das Ordnungsmodell der *Räuber* als eben keinen positiven Gegenentwurf zum Feudalismus. Schillers Erstlingsdrama verwerfe demnach ebenso das absolutistische wie das radikal-republikanische Modell.

Erläuterungen zu ARBEITSBLATT 7a. Über die Sachanalyse hinaus bieten die Forschungsansichten vertiefende Ansätze zum Vatermord sowie prägnante und methodisch konsequente Interpretationen des gesamten *Räuber*-Dramas. Gleichwohl zeigt sich im Vergleich, dass die Interpreten das Drama durchaus unterschiedlich bewerten. Während Norbert Oellers einen biografischen Bezug zu Schiller und seinen dominierenden Vaterfiguren herstellt, hebt Benno von Wieses Ansatz gerade auf die überindividuelle Bedeutung des *pater familias* als dem Wesenskern traditionaler Gesellschaften ab. Karl Moors Aufbegehren wird in dieser Deutung als ein Irr- und Abweg beschrieben, der unweigerlich zum Bösen führt. Dieter Borchmeyer indessen kritisiert die Delegitimierung des ursprünglichen Vorhabens, die schon in der Gründung der Räuberbande stattfand, nämlich eine tragfähige, republikanische Alternative zum Feudalismus zu eröffnen. Dieser Idealismus jedoch werde durch die totalitäre Gewalt der Räuber bereits früh im Keim erstickt.

7.4 Vorahnung und Anspielung des Vatermords im Brutus-Cäsar-Lied

PA / UG

ARBEITSBLATT 7b
➤ S. 64 f.

Unterrichtsschritt. Mit der Kenntnis des katastrophalen Dramenendes haben sich die Schülerinnen und Schüler wichtige Voraussetzungen zu einem umfassenden Verständnis des Brutus-Cäsar-Liedes in der Szene IV,5 (117,12–118,26) verschafft. Mit der Anspielung auf Cäsars Ermordung durch Brutus bereitet Karls Lautenspiel das Thema des Vatermordes über eine stoffliche Parallele motivisch vor. Anhand von ARBEITSBLATT 7b ***Karls Anspielung auf Cäsar und Brutus*** erschließen sich die Schülerinnen und Schüler in Partnerarbeit die inhaltliche und ästhetisch-formale Dimension des Liedes. Im Unterrichtsgespräch werden ihre Ergebnisse zusammengeführt und um Kontextinformationen zur Ermordung Cäsars ergänzt. Die Lehrperson kann diese je nach Vorwissen der Lerngruppe und der Qualität ihrer Beiträge in der Einstiegsphase (Unterrichtsschritt 7.1), gestützt auf die Sachanalyse, einbringen (oder im kurzen Lehrervortrag) erläutern.

7.5 Tragödie oder Happy End? Das Ende reinszenieren (fakultativ)

GA

Unterrichtsschritt mit Erläuterungen. Die gemeinsame Lektüre in Unterrichtsschritt 7.3 bildet die Grundlage für eine kreative Auseinandersetzung mit dem Dramenschluss, die in Gruppenarbeit erfolgt: einer Reinszenierung des Endes. Die Regiearbeit in Kleingruppen erfordert, dass sich die Schülerinnen und Schüler über ihre Eindrücke und Ansichten zum Drama austauschen. Insbesondere verständigen sie sich darüber, ob sie Schillers Ende für eine Aufführung übernehmen, modifizieren oder verändern möchten. Je nach Gruppenzusammensetzung schreiben sie an einem gemeinsamen Entwurf und verteilen die Rollen und Aufgaben – wie z. B. die Person des Regisseurs oder der Regisseurin. Damit die Gruppen Schillers Ende oder ihre Version davon vor der Klasse vorstellen, vorlesen oder gar aufführen können, wird ihnen ausreichend Zeit (im Rahmen des Unterrichts) zur Vorbereitung gegeben. Hierbei ist es wichtig, dass die Lehrperson die jeweiligen Entscheidungen und Entwürfe (zurückhaltend) begleitet und bei denkbaren Konflikten vermittelt. Die Schülerinnen und Schüler können auf diese Weise den Entstehungsprozess eines Dramas eigenständig erfahren und sich selbstbestimmt und auf kreative Weise in die Inszenierung einbringen.

Hausaufgabe

Falls der Unterrichtsschritt 7.5 nicht mehr im Rahmen des Klassenunterrichts abgeschlossen werden kann, können die Ideen zur Reinszenierung auch als Hausaufgabe vervollständigt und als Gruppenpräsentation vorbereitet werden.

Drei Forschungsansichten zu Schillers *Räubern*

1.

»Das Stück ist ein Aufstand Schillers gegen seine drei Väter, denen er in seinen zwei ersten Lebensjahrzehnten ausgeliefert war: gegen den leiblichen Vater Johann Caspar, gegen den Landesvater Carl Eugen und gegen den himmlischen Vater. Das Ende mit Schrecken bedeutet nicht Schrecken ohne Ende, denn es bleibt ja die Dichtung, die keine Resignation und schon gar nicht Fatalismus verbreiten will. Sie vermag noch nach mehr als 200 Jahren zu faszinieren, und dass es in ihr von Obszönitäten und Gotteslästerungen wimmelt und dass es keine Begründungen für das Böse gibt, sichert ihr einen Platz unter der ›modernen‹ Literatur – ein Colloquium über die Zufälligkeit und Ungerechtigkeit der Natur, über die Willkür und Ungerechtigkeit gesellschaftlicher Herrschaft, über die Unterdrückung und Ausbeutung vieler durch wenige.«

Norbert Oellers: Schiller. Elend der Geschichte, Glanz der Kunst. Stuttgart: Reclam, 2006. S. 134. [*Die Räuber.*]

2.

»Familie als die Urform des gesellschaftlichen Lebens, in der noch Natur und Gesellschaft zusammenfallen, kennt Autorität, Liebe, Vertrauen, Erbarmen, aber nicht Intrige. Der Einbruch des Bösen als Intrige in die Familienordnung und damit in die bürgerliche Ordnung überhaupt bedeutete daher die Auflösung der Familie und ihrer Sittlichkeit und alle die Folgen, die sich aus eben dieser Auflösung ergeben. [...] Bezeichnenderweise wird die Familie beim jungen Schiller allein durch den Vater repräsentiert, die Gestalt der Mutter fehlt ganz oder tritt zurück, das Weibliche ist in den ›Räubern‹ lediglich durch Amalia, die Braut des älteren Sohnes, und zwar in vorwiegend passiver, erduldender Weise vertreten. [...] [Karls] Tragik setzt im Drama damit ein, daß ihn die angebliche Verstoßung durch den Vater in eine Lage hineindrängt, in der er ein neues großes Ziel zu finden glaubt, in Wahrheit aber nur in eine ungeheure Verirrung hineingerät. Schiller selbst hat das so ausgedrückt: ›Die Privaterbitterung gegen den unzärtlichen Vater wütet in einen Universalhaß gegen das ganze Menschengeschlecht aus.‹ Der eine Vater steht also hier für alle Väter. [...] Wenn Karl der menschlichen Gesellschaft nunmehr den Krieg ansagt, so ist das nicht so sehr ein freier Entschluß – er hätte viel lieber das Idyll der väterlichen Haine gewählt –, es ist vielmehr eine erzwungene Reaktion auf die in Unordnung geratene Gemeinschaft der Familie, die für ihn die Urform allen Zusammenlebens überhaupt bedeutete. [...] Es gehört zur Tragik Karl Moors, die ihm selber zunächst noch gar nicht zum Bewußtsein gelangt, daß er in diesem Augenblick einem ungeprüften Schein verfällt, der ihn in die unausweichliche Wirklichkeit des Bösen hineingeraten läßt.«

Benno von Wiese: Friedrich Schiller. Stuttgart: Metzler, 1959. S. 146, 148f.

3.

»Durch die paradoxale Einheit von Anarchie und Despotismus tritt die Räuberbande als eine Ordnung des Hasses der von der ›chain of love‹ zusammengehaltenen kosmischen Ordnung entgegen. Die Räuberwelt ist also keineswegs wie bis heute immer wieder behauptet wird, als zumindest im Ansatz progressive Alternative zur bestehenden feudal-absolutistischen Ordnung zu verstehen [...]. Durch die verzweifelte Gründung der Räuberbande zerstört Karl Moor gerade die Möglichkeit einer anderen, einer republikanischen Gegenordnung zu den im Egoismus und im Recht des Stärkeren gründenden Machtstrukturen der höfisch-absolutistischen Welt.«

Dieter Borchmeyer: Die Tragödie vom verlorenen Vater. Der Dramatiker Schiller und die Aufklärung – Das Beispiel der Räuber. In: Friedrich Schiller – Angebot und Diskurs. Zugänge, Dichtung, Zeitgenossenschaft. Hrsg. von Helmut Brandt. Berlin/Weimar: Aufbau Verlag, 1987. S. 168f., 174.

Arbeitsauftrag:
Vergleichen Sie die drei wissenschaftlichen Deutungen des Dramas. Benennen Sie die Unterschiede und nehmen Sie dazu Stellung.

Karls Anspielung auf Cäsar und Brutus

(Vierter Akt, Fünfte Szene)

MOOR (*nimmt die Laute und spielt*).

Brutus	Reimschema	
Sei willkommen, friedliches Gefilde!		Anrufung (lat. Vokativ)
Nimm den letzten aller Römer auf!		
Von Philippi, wo die Mordschlacht brüllte,		
Schleicht mein gramgebeugter Lauf.		
Cassius, wo bist du? – Rom verloren!		Untergang Roms?
Hingewürgt mein brüderliches Heer,		
Meine Zuflucht zu des Todes Toren!		Brutus' Tod /
Keine Welt für Brutus mehr!		Sterbenswunsch
Cäsar		
Wer, mit Schritten eines Niebesiegten,		Neologismus
Wandert dort vom Felsenhang? –		
Ha! Wenn meine Augen mir nicht lügten?		
Das ist eines Römers Gang. –		
Tibersohn – von wannen deine Reise?		Metonymie
Dauert noch die Siebenhügelstadt?		= ?
Oft geweinet hab ich um die Waise,		
Dass sie nimmer einen Cäsar hat.		
Brutus		
Ha, du mit der dreiundzwanzigfachen Wunde!		Cäsars Ermordung
Wer rief Toter dich ans Licht?		durch 23 Messerstiche
Schaudre rückwärts, zu des Orkus Schlunde,		
Stolzer Weiner! – Triumphiere nicht!		
Auf Philippis eisernem Altare		Brutus' Opfertod
Raucht der Freiheit letztes Opferblut;		
Rom verröchelt über Brutus' Bahre,		
Brutus geht zu Minos – Kreuch in deine Flut!		
Cäsar		
O ein Todesstoß von Brutus' Schwerte!		
Auch du – Brutus – du?		
Sohn – es war dein Vater – Sohn – die Erde		
Wär gefallen dir als Erbe zu.		
Geh – du bist der größte Römer worden,		
Da in Vaters Brust dein Eisen drang;		
Geh – und heul es bis zu jenen Pforten:		

Brutus ist der größte Römer worden.
Da in Vaters Brust sein Eisen drang.
Geh – du weißt's nun, was an Lethes Strande
Mich noch bannte –
Schwarzer Schiffer stoß vom Lande!

thematische Parallele
zu den Räubern:
_ A _ _ R _ O _ D

Brutus

Vater halt! – Im ganzen Sonnenreiche
Hab ich e i n e n nur gekannt,
Der dem großen Cäsar gleiche.
Diesen einen hast du Sohn genannt.
Nur ein Cäsar mochte Rom verderben
Nur nicht Brutus mochte Cäsar stehn.
Wo ein Brutus lebt, muss Cäsar sterben,
Geh du linkswärts, lass mich rechtswärts gehn.

Wer ist hiermit gemeint?

Chiasmus

Worterläuterungen:

7 Cassius: Gaius Cassius Longinus (ca. 85 v. Chr. – 42. v. Chr.) gehörte zum Verschwörungszirkel um Marcus Iunius Brutus, der das Mordkomplott gegen Cäsar (44 v. Chr.) anführte. Cassius war Brutus' Schwager und starb in der ersten Schlacht von Philippi. | **39 Lethe:** ist in der römischen Mythologie ein Höllenfluss; in Shakespeares Drama *Julius Caesar* beschwört ihn Antonius, als er die mit Cäsars Blut getränkten Hände der Mörder sieht.

Arbeitsaufträge:

1. Lesen Sie den lyrischen Textauszug nochmal aufmerksam und notieren Sie sich sowohl inhaltliche als auch formale Auffälligkeiten/Unklarheiten.
2 Wessen Perspektive geben die Strophen jeweils wieder? Worum geht es? Ergänzen Sie die Stichworte.
3. Zählen Sie die Verse aller Strophen und achten Sie auf sprachliche Mittel bzw. Besonderheiten. An welchen Stellen treten diese vor allem auf?
4. Bestimmen Sie das Reimschema.
5. Warum, denken Sie, stimmt Karl dieses Lied am Ende des Vierten Akts an? In welcher Situation befindet er sich und was sagt das Lied über seine Gefühle aus?

*6. Bestimmen Sie die Bedeutung des Liedes innerhalb des Handlungsgeschehens.

8 Das Motiv der feindlichen Brüder erfassen

Sachanalyse

Dass sich Franz und Karl Moor, die ungleichen Brüder, in keiner einzigen Szene im Drama begegnen, ist von der Forschung vielfach bemerkt worden. Manche Interpretinnen und Interpreten witterten dahinter gar die als Doppelgängerschaft deutbare Konstellation eines Menschen in seinen ›guten‹ sowie ›bösen‹ Eigenschaften: Dabei wurden Karl grundsätzlich positive Attribute wie Geradlinigkeit, Wärme und Authentizität zugeordnet, Franz hingegen heuchlerische und manipulative Absichten. Die Rivalität der Brüder[1] ließ sich auf diese Weise (auch) auf den inneren Konflikt des Menschen mit seinen einander widerstreitenden Anlagen zum Guten wie zum Schlechten beziehen. Historisch fügt sich diese Sichtweise in eine kontrovers geführte Debatte über die Anthropologie, das Wissen vom Menschen, ein. Für die philosophischen Vertragstheorien der Frühen Neuzeit beispielsweise bildete die Frage, ob der Mensch als grundsätzlich gut oder böse vorzustellen sei, in der Regel den Ausgangspunkt für ihre jeweiligen (politischen) Gesellschaftsmodelle.

Um die konkrete Motivbildung der feindlichen Brüder im *Räuber*-Drama zu erschließen, eignet sich aber vor allem der Einblick in die literarischen und biblischen Vorlagen, die Schiller für die dramatische Bearbeitung nutzte. Dazu zählt in erster Linie Friedrich Daniel Schubarts *Geschichte des menschlichen Herzens*, die 1775 im *Schwäbischen Magazin* erschien.[2] Schubarts Erzählung berichtet von den Söhnen eines Edelmanns, die »von sehr ungleichem Charakter«[3] gewesen seien: Wilhelm, der erste, habe sich sowohl durch Gehorsam als auch durch eine tendenziell zur Schau getragene Frömmigkeit ausgezeichnet, während Carl, der jüngere, »sich durch nichts, als durch seinen Kopf und sein Herz«[4] empfehlen konnte. Von seinem Temperament geleitet, habe sich der Letztere jedoch zu manchem »Laster« verleiten lassen, von denen »der strenge Wilhelm«[5] dem Vater Bericht erstattete; so auch von einem unglücklichen »Duell, das ihm die Gunst seines Vaters entzog und ihn in die Verlegenheit setzte, bei Nacht und Nebel die Akademie zu verlassen«[6]. Dass Schiller selbst einmal zu einer ähnlichen Flucht gezwungen sein würde, um seiner Kadettenanstalt und dem Zugriff des Herzogs Carl Eugen zu entgehen, mochte er bei der Lektüre von Schubart möglicherweise antizipiert haben. Bekanntermaßen brachte ihm das heimliche Davonstehlen aus dem Herzogtum zur Uraufführung der *Räuber* im Januar 1782 einen vierzehntägigen Arrest ein. Zu den Parallelen zwischen der Schubart-Vorlage und dem Drama gehört weiterhin, dass Carl sich dem Vater zu erklären versucht, indem er »den zärtlichsten Brief« an ihn schreibt und den Vater »durch Reue und ernste Gelübde«[7] um Vergebung bittet. Jedoch wird der Brief von Wilhelm unterschlagen. Carl tritt daraufhin in die Dienste eines Bauern, der in der Nähe des väterlichen Guts lebt. In der Folge kommt er immer wieder unerkannt mit seinem Vater ins Gespräch. Als er eines Tages mit Holzfällen beschäftigt ist, sieht er, wie eine Räuberbande den Vater zu überfallen versucht, und er »stürzt[] wütend unter die Mörder hinein«[8]. Nachdem er ihn gerettet hat, kommt es zur Entdeckung seiner Identität und der des mörderischen Auftragsmörders – der sein Bruder, »Junker Wilhelm«[9], ist.

Am Ende von Schubarts *Geschichte des menschlichen Herzens* steht die große familiäre Versöhnung, über der sich Vater und Sohn »der Freude [überlassen], einander wieder gefunden zu haben«[10]. Offensichtlich verarbeitete bereits Schubart wiederum Einflüsse des biblischen Gleichnisses vom verlorenen Sohn, das Schiller in einer ersten Version seines Stücks zum Arbeitstitel machte.[11] Auf die biblische Inspirationsquelle wird zudem in einer Aussage Spiegelbergs in der Zweiten Szene verwiesen, als er Karls Wutausbruch entgegnet, er werde »doch nicht gar den verlorenen Sohn spielen wollen« (24,12 f.).

Das Gleichnis findet sich im Lukasevangelium (15,11–32) und erzählt von der Reue und Umkehr eines

1 Vgl. Fritz Martini, »Die feindlichen Brüder. Zum Problem des gesellschaftskritischen Dramas von J. A. Leisewitz, F. M. Klinger und F. Schiller«, in: *Jahrbuch der deutschen Schillergesellschaft* 16 (1972), S. 208–265.

2 Vgl. Christian Grawe, »III.1 Schubarts Erzählung *Zur Geschichte des menschlichen Herzens*«, in: C. G., *Erläuterungen und Dokumente. Friedrich Schiller: »Die Räuber«*, Stuttgart 2009 [u. ö.], S. 128–135.

3 Christian Friedrich Daniel Schubart, *Schicksal. Zeitbild. Ausgewählte Schriften*, von Konrad Gaiser, Stuttgart 1929, S. 319.

4 Ebd.

5 Ebd.

6 Ebd., S. 320.

7 Ebd.

8 Ebd., S. 321.

9 Ebd.

10 Ebd., S. 322.

11 Vgl. Dieter Borchmeyer, »Die Tragödie vom verlorenen Vater. Der Dramatiker Schiller und die Aufklärung – Das Beispiel der Räuber«, in: Helmut Brandt (Hrsg.), *Friedrich Schiller – Angebot und Diskurs. Zugänge, Dichtung, Zeitgenossenschaft*, Berlin/Weimar 1987, S. 160–184.

Sohnes, der sich vom Vater den Erbteil hatte auszahlen lassen, diesen aber bald verprasste. Als er schließlich zum Vater zurückkehrt und ihn bittet, ihn zu einem seiner Tagelöhner zu machen, nimmt ihn dieser mit einem großen Fest und offenen Armen wieder als Sohn auf. Da dem Erstgeborenen die bedingungslose Versöhnung missfällt, beschwert er sich beim Vater und verweist darauf, dass er ihm durch die Zeiten hindurch treu und gehorsam gedient hatte. Letztlich mahnt der Vater jedoch zur Versöhnung und führt die beiden Söhne im Fest zusammen.

Dem neutestamentlichen Gleichnis steht wiederum eine andere biblische Referenz im Drama gegenüber; die negative Dimension der brüderlichen Rivalität findet sich bereits im alttestamentlich überlieferten Brudermord Kains an Abel (1. Mose 4,1–17). Aus der Amalgamierung dieser biblischen Quellen mit den literarischen Vorlagen und dramatischen Vorläufern wie u. a. auch Friedrich Maximilian Klingers *Die Zwillinge* (1776) und Johann Anton Leisewitz' *Julius von Tarent* (1776) entwickelt Schiller ein psychologisch geschärftes Familiengemälde, dessen Kern die Parallelhandlung der zwei unversöhnlichen Brüder ausmacht.

Unterrichtsverlauf

Überblick. Mit Tizians Ölgemälde *Kain und Abel* (1542/43) lernen die Schülerinnen und Schüler eine bildnerische Darstellung der bekannten Episode aus dem Alten Testament und damit das Grundmotiv für Schillers dramatische Ausgestaltung des Bruderkonflikts kennen. In gemeinsamer Textarbeit reflektiert und vergleicht die Lerngruppe die vorherrschenden Charaktereigenschaften der beiden Protagonisten Karl und Franz. Durch die Abwägung von kontrastiven und komplementären Aspekten in der Figurenanlage wird sie in die Lage versetzt, die Dramenhandlung in den Kontext des literarischen Feldes einzuordnen und sie in Zusammenhang mit zeitgenössischen ähnlichen Stoffen (Schubart, Klinger) zu betrachten. ! **Verkürzter Verlauf: 8.1 – 8.2 – 8.3 – 8.4**

Phase	Thema	Sozialform	Kompetenzen und Lernziele	Materialien
Voraussetzung: Kenntnis des gesamten Dramas				
8.1	Einstiegsphase: Die Darstellung des Brudermords bei Tizian (1542/43)	EA / UG	• Ein Bild selbstständig beschreiben und deuten • Einen Zusammenhang mit einem Grundmotiv der Dramenhandlung herstellen	VORLAGE 8a ➤ S. 68 ARBEITSBLATT 8a ➤ S. 72 f.
8.2	Rivalen oder Doppelgänger? Die Charakterzüge von Karl und Franz im Vergleich	PA / UG	• Kontrastive und komplementäre Aspekte in der Figurenanlage erkennen	VORLAGE 8b ➤ S. 69 TAFELBILD 8 ➤ S. 70
8.3	Biblische Inspirationsquellen: Kain und Abel, das Gleichnis vom verlorenen Sohn	EA / UG	• Motivische Vorlagen analysieren • Parallelen und Unterschiede gegenüber dem Drama herausarbeiten	ARBEITSBLATT 8a ➤ S. 72 f.
8.4	Stoffliche Vorlagen I: Schubarts Erzählung *Zur Geschichte des menschlichen Herzens* (1775)	GA / UG	• Literarische Referenztexte lesen und in Bezug zur Dramenhandlung setzen	ARBEITSBLATT 8b ➤ S. 74 f.
8.5 **fakultativ**	Stoffliche Vorlagen II: Klingers Tragödie *Die Zwillinge* (1776)	GA / UG	• Dramatische Referenztexte lesen und in Zusammenhang mit der Handlung setzen • Sprachliche und epochale Gemeinsamkeiten feststellen	ARBEITSBLATT 8c ➤ S. 76
HA	Arbeitsaufträge auf ARBEITSBLATT 8c vervollständigen			

Anstelle einer linearen Abfolge der Unterrichtsschritte 8.3 bis 8.5 können diese alternativ auch als binnendifferenzierte Gruppenarbeit in vier Kleingruppen und anschließender Präsentation durchgeführt werden.

8.1 Einstiegsphase: Die Darstellung des Brudermords bei Tizian (1542/43)

EA / UG

VORLAGE 8a
➤ S. 68
ARBEITSBLATT 8a
➤ S. 72 f.

Unterrichtsschritt. Das bekannte Fresko von Tizian (alias Tiziano Vecellio; VORLAGE 8a ***Tizian: »Kain und Abel«***), verknüpfen die Schülerinnen und Schüler eigenständig mit der biblischen Episode aus dem 1. Buch Mose, das vom archaischen Brudermord Kains an Abel handelt. Sollte die Erschließung Schwierigkeiten bereiten, stellt die Lehrperson bereits hier das ARBEITSBLATT 8a ***Schillers Inspirationsquellen aus dem Alten und Neuen Testament*** zur Verfügung. In Kenntnis des alttestamentlichen Textes können die Schülerinnen und Schüler die abgebildeten Personen auf dem Fresko einordnen und die Situation nachvollziehen. Die Erfassung des Brudermords als einer moralisch schwerwiegenden Ursünde des Menschen ermöglicht der Lerngruppe, den Transfer vom Renaissance-Fresko hin zur dramatischen Ausgestaltung des Motivs in Schillers *Die Räuber* zu leisten.

VORLAGE 8a

Tizian: *Kain und Abel*

Tizian: *Kain und Abel*, Deckenfresko in Santa Maria della Salute, Venedig (1542/43)

Erläuterungen zur VORLAGE 8a. Tizian schuf das Gemälde 1542/43, zunächst als Vorlage für ein Deckenfresko der Kirche Santo Spirito in Isola; erst später wurde es in die Sakristei der venezianischen Basilika Santa Maria della Salute überführt. Der örtlichen Platzierung entsprechend, zeigt es aus Untersicht die Erschlagung Kains durch Abel auf einer Erhöhung, die von der Kunstgeschichte als Opferstätte gedeutet wird. In der alttestamentlichen Episode werden Kain und Abel als Söhne des ersten Menschenpaars Adam und Eva eingeführt, wobei der Erstgeborene Ackerbauer, der Zweite hingegen Schafhirte ist. Als beide Gott ihre Opfergaben darbringen, entzündet sich der Konflikt: Während Abel den Erstling seiner Herde opfert und dafür Gottes Lob erntet, wird Kain für sein Opfer – Früchte von seinem Feld – keines Blickes gewürdigt. Kain drückt daraufhin seinen Unmut über die Ungleichbehandlung aus, wird jedoch von Gott getadelt. Der Exegese nach bildet dies die Voraussetzung dafür, dass

Kain seinen Bruder aufs Feld bestellt und ihn dort erschlägt. – Nun variieren zwar sowohl in der Theologie als auch der bildenden Kunst die Bewertungen der Tat, indem sie manche als vorsätzlichen Mord, andere wiederum als Totschlag im Affekt verstehen bzw. darstellen. Tizians Fresko scheint diesbezüglich eine vermittelnde bis ambivalente Position einzunehmen, da es von einer großen Dynamik und Körperlichkeit zeugt: Kains Gewalttat wird hier als zwar roher, aber dennoch nicht voraussetzungsloser Akt inszeniert. Dieser Eindruck wird durch die Farbsymbolik der hellen und dunkleren Lichtanteile – letztere auf Kain und seine Opfergaben verweisend – noch intensiviert. Sein Tatwerkzeug, der Ast, wurde gelegentlich als Symbol der Versehrtheit des Baums der Erkenntnis interpretiert und damit in die Tradition der von Eva herrührenden Erbsünde gestellt.

Ein Zusammenhang mit Schillers *Räuber*-Drama kann hier mit Blick auf die dargestellte Rivalität und (versuchte) Vernichtung des Bruders hergestellt werden. Mordpläne gegenüber dem eigenen Bruder hegen allerdings beide Brüder Moor im Drama. Zwar ist es zweifellos Franz, von dem die Initiative und Intrige ausgeht, den erstgeborenen Karl aus der Familie zu verstoßen (I,1) und ihn später, als er zum Schloss zurückkommt, sogar zu vergiften (IV,2). In Reaktion auf die Verschleppung und beabsichtigte Tötung des Alten Moor jedoch hegt schließlich auch Karl einen mörderischen Groll auf seinen Bruder. Beider Motive sind insofern deutlich voneinander abzugrenzen, als Karl – den im Drama Erstgeborenen – keine niederen Beweggründe bestimmen, zumal er auf die lebendige Auslieferung seines Bruders drängt. Schiller kehrt hier gegenüber der biblischen Geschichte sowohl das brüderliche Rangfolgeverhältnis als auch die Motivlage um, wobei er den schematischen Dualismus von Gut und Böse durch gemischte Charaktere (wenn auch mit überwiegend ›guten‹ Anteilen bei Karl) aufbricht.

8.2 Rivalen oder Doppelgänger? Die Charakterzüge von Karl und Franz im Vergleich

Unterrichtsschritt mit Erläuterungen. Die Gegenüberstellung von Franz und Karl Moor wird über die kontrastive Figurencharakterisierung anhand des Ersten Akts in Unterrichtsschritt 2.4 auf das gesamte Drama ausgeweitet (VORLAGE 8b ***Franz und Karl Moor: Rivalen oder Doppelgänger?***). Der differenzierte Vergleich beider Protagonisten setzt eine solide Textkenntnis und die Erfassung subtiler Textinformationen voraus. Für die Beschreibung der Charaktereigenschaften und Untermauerung durch Textstellen eignet sich die Partnerarbeit besonders, da sie konzentriertes Arbeiten mit gegenseitigem Austausch ermöglicht und das Unterrichtsgespräch durch Orientierung an zentralen Stichworten zeitsparend vorbereitet. Die Partnergruppen erwägen und diskutieren die unterschiedlichen und komplementären Handlungsmuster der Protagonisten und notieren ihre Argumente schriftlich. Im Unterrichtsgespräch werden ihre Ergebnisse im TAFELBILD 8 zusammengeführt und gesichert. Die Erläuterungen der Sachanalyse können der Lehrperson dabei als Diskussionsgrundlage dienen.

PA / UG

VORLAGE 8b
➤ S. 69
TAFELBILD 8
➤ S. 70

VORLAGE 8b

Franz und Karl Moor: Rivalen oder Doppelgänger?

Arbeitsaufträge:
1. Stellen Sie das Verhalten Franz' und Karls tabellarisch in Orientierung an den Begriffen ›Plan‹, ›Gefühle‹, ›Stellung in der Familie und familiäre Bindung‹, ›Macht‹, ›Gewissen‹, ›Justiz‹ einander gegenüber.
2. Wo sehen Sie Übereinstimmungen, wo Unterschiede in ihren Charakteren?

8.3 Biblische Inspirationsquellen: Kain und Abel, das Gleichnis vom verlorenen Sohn

Unterrichtsschritt mit Erläuterungen. In Anknüpfung an die bereits vorhandenen Kenntnisse zur Geschichte Kains und Abel (Unterrichtsschritt 8.1) lernt die Lesegruppe im *Gleichnis vom verlorenen Sohn* eine weitere biblische Quelle kennen, auf die Schillers Ausgestaltung des Bruderkonflikts zwischen Franz und Karl Moor rekurriert. In Einzelarbeit rekapitulieren die Schülerinnen und Schüler die auf dem ARBEITSBLATT 8a ***Schillers Inspirationsquellen aus dem Alten und Neuen Testament*** abgedruckten Erzählungen (die sie zumindest teils wohl schon kennen). Vor dem Hintergrund von Schillers Adaption des Grundmotivs identifizieren sie die Parallelen zwischen dem Gleichnis und der dramatischen Handlung. Im Unterrichtsgespräch werden die Ergebnisse diskutiert.

EA / UG

ARBEITSBLATT 8a
➤ S. 72 f.

TAFELBILD 8

Franz und Karl Moor: Rivalen oder Doppelgänger?

	Franz	**Karl**
Plan	gewaltsame Verdrängung und Verstoßung Karls aus der Familie und Erbfolge (I,1); »Herr muss ich sein« (21,21)	1. Rückkehr aufs Schloss, in den »Schatten meiner väterlichen Haine, in d[ie] Arme meiner Amalia« (I,2; 27,33 f.) 2. »das Gesetz unter meine Füße [rollen]« (36,22 f.) ➤ Vergeltung üben
Gefühle	Zerstörungswille, Komplexe (?); Wissen um Mangel an »Liebenswürdigkeit« (21,22)	»Ekel« gegenüber bzw. Verachtung der Gesellschaft (vgl. Protest in I,2); Entsetzen, Wut und Enttäuschung gegenüber der (vermeintlich abschlägigen) Antwort seines Vaters; Rachegelüste, aber grundsätzlich zur Liebe fähig
Familiäre Stellung / Bindung	Zweitgeborener; Neid und Eifersucht gegenüber Karl	Erstgeborener; Treue zum Vater; adoleszenter Versuch der Emanzipation
Ambitionen	Machtwille prioritär; [andere Eigenschaften? …]	Freiheitsstreben prioritär – im Sinne von Selbstbestimmung [andere Eigenschaften? …]
Gewissen	die Schuldfrage stellt er sich erst im Angesicht des Scheiterns; sie drückt sich indirekt durch Paranoia aus (IV,2; V,1)	kurz nach dem Anschluss an die Räuber reflektiert er die infame Gewalt der Bande und seine Verantwortung (s. II,3, 72,1–18); im Fortgang steigert sich seine Reue
Justiz	Verweigerung der Justiz, stattdessen Selbstmord	Selbstüberlieferung an die Justiz

Farblegende:
Komplementarität = sich ergänzende bzw. einander ausschließende Aspekte
Gleichartigkeit = gleiche, sich entsprechende Aspekte
Ähnlichkeiten

Leitfragen:
- Welches sind die wesentlichen Unterschiede und Gemeinsamkeiten zwischen den biblischen Erzählungen von Kain und Abel bzw. vom verlorenen Sohn?
- Inwiefern sind sie Vorbilder für Schillers *Räuber*?

8.4 Stoffliche Vorlagen I: Schubarts Erzählung *Zur Geschichte des menschlichen Herzens* (1775)

GA / UG

ARBEITSBLATT 8b
➤ S. 74 f.

Unterrichtsschritt. Drei Textauszüge aus Christian Friedrich Daniel Schubarts Erzählung *Zur Geschichte des menschlichen Herzens*, die als literarische Vorlage für Schillers Drama gilt, werden arbeitsteilig als Gruppenarbeit erschlossen (ARBEITSBLATT 8b ***Auszüge aus Christian F. D. Schubarts »Zur Geschichte des menschlichen Herzens« im »Schwäbischen Magazin« (1775)***). Die Ergebnisse werden vorgestellt und informieren die Klasse im anschließenden Unterrichtsgespräch, das zur Klärung der Ähnlichkeiten beider Stoffe (siehe Sachanalyse) beiträgt, über Schillers Entlehnung von zentralen Konstellationen und Figuren aus Schubarts Erzählung.

8.5 Stoffliche Vorlagen II: Klingers Tragödie *Die Zwillinge* (1776) (fakultativ)

Unterrichtsschritt. Anhand zweier Szenen auf ARBEITSBLATT 8c ***Auszüge aus Friedrich M. Klingers Bruder-Drama »Die Zwillinge« (1776)*** können die Schülerinnen und Schüler eine weitere literarische Parallele zu den *Räubern* erkunden. In gemeinsamer Lektüre erfassen sie (den binnendifferenzierten Arbeitsaufträgen folgend) die motivationalen und sprachlichen Übereinstimmungen zwischen dem Antihelden von Klingers Bruder-Drama und dem Monolog Franz Moors am Ende des Ersten Akts. Idealerweise erkennen sie, dass Schiller bei seiner Dramatisierung der Primogenitur als familiärem Grundkonflikt auf ein stofflich ähnliches Theaterstück zurückgreifen konnte, das nur wenige Jahre vor den *Räubern* seine Uraufführung feierte.

GA / UG *

ARBEITSBLATT 8c
➤ S. 76

Mit der Thematisierung eines wichtigen Dramas des epochemachenden F. M. Klinger eignet sich der Unterrichtsschritt als Überleitung zur folgenden Unterrichtsstunde. Alternativ kann er auch an den Anfang der 9. Stunde gestellt werden.

Hausaufgabe

Arbeitsaufträge auf ARBEITSBLATT 8c vervollständigen. Die Hausaufgabe ist eine geeignete Überleitung zur folgenden Stunde, in der die Epoche des Sturm und Drang erörtert wird.

Schillers Inspirationsquellen aus dem Alten und Neuen Testament

1. Kain und Abel (1. Mose 4,1–16)

»Und Adam erkannte sein Weib Eva, und sie wurde schwanger und gebar den Kain und sprach: Ich habe einen Mann gewonnen mit dem Herrn. Und sie fuhr fort und gebar Abel, seinen Bruder. Und Abel wurde ein Schäfer; Kain aber wurde ein Ackermann. Es begab sich aber nach etlicher Zeit, dass Kain dem Herrn Opfer brachte von den Früchten des Feldes; und Abel brachte auch von den Erstlingen seiner Herde und von ihrem Fett. Und der Herr sah gnädig an Abel und sein Opfer; aber Kain und sein Opfer sah er nicht gnädig an. Da ergrimmte Kain sehr, und seine Gebärde verstellte sich. Da sprach der Herr zu Kain: Warum ergrimmst du? und warum verstellt sich deine Gebärde? Ist's nicht also: wenn du fromm bist, so bist du angenehm; bist du aber nicht fromm, so ruhet die Sünde vor der Tür, und nach dir hat sie Verlangen; du aber herrsche über sie. Da redete Kain mit seinem Bruder Abel. Und es begab sich, da sie auf dem Felde waren, erhob sich Kain wider seinen Bruder Abel und schlug ihn tot. Da sprach der Herr zu Kain: Wo ist dein Bruder Abel? Er sprach: Ich weiß nicht; soll ich meines Bruders Hüter sein? Er aber sprach: Was hast du getan? Die Stimme des Bluts deines Bruders schreit zu mir von der Erde. Und nun verflucht seist du auf der Erde, die ihr Maul hat aufgetan und deines Bruders Blut von deinen Händen empfangen. Wenn du den Acker bauen wirst, soll er dir hinfort sein Vermögen nicht geben. Unstet und flüchtig sollst du sein auf Erden. Kain aber sprach zu dem Herrn: Meine Sünde ist größer, denn dass sie mir vergeben werden möge. Siehe, du treibst mich heute aus dem Lande, und ich muss mich vor deinem Angesicht verbergen und muss unstet und flüchtig sein auf Erden. So wird mir's gehen, dass mich totschlage, wer mich findet. Aber der Herr sprach zu ihm: Nein; sondern wer Kain totschlägt, das soll siebenfältig gerächt werden. Und der Herr machte ein Zeichen an Kain, dass ihn niemand erschlüge, wer ihn fände. Also ging Kain von dem Angesicht des Herrn und wohnte im Lande Nod, jenseits Eden, gegen Morgen.«

Die Bibel [...] nach der deutschen Übersetzung Martin Luthers.
Stuttgart: Württembergische Bibelanstalt, [1912]. [Behutsam modernisiert.]

Worterläuterungen:
8 seine Gebärde verstellte sich: seine Miene wurde finster | **10 ruhet:** hier: lauert | **26 im Lande Nod:** hebräisch, im Land ›Flüchtig‹, gemeint: in Gottferne

2. Das Gleichnis vom verlorenen Sohn (Lukas 15,11–32)

»Und er sprach: Ein Mensch hatte zwei Söhne. Und der jüngste unter ihnen sprach zu dem Vater: Gib mir, Vater, das Teil der Güter, das mir gehört. Und er teilte ihnen das Gut. Und nicht lange darnach sammelte der jüngste Sohn alles zusammen und zog ferne über Land; und daselbst brachte er sein Gut um mit Prassen. Da er nun all das Seine verzehrt hatte, wurde eine große Teuerung durch dasselbe ganze Land, und er fing an zu darben. Und ging hin und hängte sich an einen Bürger des Landes; der schickte ihn auf seinen Acker, die Säue zu hüten. Und er begehrte seinen Bauch zu füllen mit Trebern, die die Säue aßen; und niemand gab sie ihm. Da schlug er in sich und sprach: Wie viel Tagelöhner hat mein Vater, die Brot die Fülle haben, und ich verderbe im Hunger! Ich will mich aufmachen und zu meinem Vater gehen und zu ihm sagen: Vater, ich habe gesündigt gegen den Himmel und vor dir und bin hinfort nicht mehr wert, dass ich dein Sohn heiße; mache mich zu einem deiner Tagelöhner! Und er machte sich auf und kam zu seinem Vater. Da er aber noch ferne von dannen war, sah ihn sein Vater, und es jammerte ihn, lief und fiel ihm um seinen Hals und küsste ihn. Der Sohn aber sprach zu ihm: Vater, ich habe gesündigt gegen den Himmel und vor dir; ich bin hinfort nicht mehr wert, dass ich dein Sohn heiße. Aber der Vater sprach zu seinen Knechten: Bringet das beste Kleid hervor und tut es ihm an, und gebet ihm einen Fingerreif an seine Hand und Schuhe an seine Füße, und bringet ein gemästet Kalb her und schlachtet's; lasset uns essen und fröhlich sein! Denn dieser mein Sohn war tot und ist wieder lebendig geworden; er war verloren und ist gefunden worden. Und sie fingen an, fröhlich zu sein. Aber der älteste Sohn war auf dem Felde. Und als er nahe zum Hause kam, hörte er das Gesänge und den Reigen; und rief zu sich der Knechte einen und fragte, was das wäre Der aber sagte ihm: Dein Bruder ist gekommen, und dein Vater hat ein gemästet Kalb geschlachtet, dass er ihn gesund wieder hat. Da wurde er zornig und wollte nicht hineingehen. Da ging sein Vater heraus und bat ihn. Er aber antwortete und sprach zum Vater: Siehe, so viel Jahre diene ich dir und habe dein Gebot noch nie übertreten; und du hast mir nie einen Bock gegeben, dass ich mit meinen Freunden fröhlich wäre. Nun aber dieser dein Sohn gekommen ist, der sein Gut mit Huren verschlungen hat, hast du ihm ein gemästet Kalb geschlachtet. Er aber sprach zu ihm: Mein Sohn, du bist allezeit bei mir, und alles, was mein ist, das ist dein. Du solltest aber fröhlich und gutes Muts sein; denn dieser dein Bruder war tot und ist wieder lebendig geworden; er war verloren und ist wiedergefunden.«

Die Bibel […] nach der deutschen Übersetzung Martin Luthers.
Stuttgart: Württembergische Bibelanstalt, [1912]. [Behutsam modernisiert.]

Worterläuterung:

8 Trebern: Treber: Rückstand vom Malz beim Bierbrauen, als Viehfutter verwendet

Arbeitsauftrag:

Unterstreichen Sie die Textstellen, die mit dem Bruderkonflikt in den *Räubern* vergleichbar sind. Notieren Sie Parallelen und Unterschiede.

Auszüge aus Christian F. D. Schubarts *Zur Geschichte des menschlichen Herzens* im *Schwäbischen Magazin* (1775)

»Ein V… Edelmann, der die Ruhe des Landes dem Lärm des Hofes vorzog, hatte zwei Söhne von sehr ungleichem Charakter.

Wilhelm war fromm, wenigstens betete er, so oft man es haben wollte, war streng gegen sich selber und gegen andere – wann sie nicht gut handelten; war der gehorsamste Sohn seines Vaters, der emsigste Schüler seines Hofmeisters, der ein Zelot war und ein misanthropischer Verehrer der Ordnung und Ökonomie.

Carl hingegen war völlig das Gegenteil seines Bruders. Er war offen, ohne Verstellung, voll Feuer, lustig, zuweilen unfleißig; machte seinen Eltern und seinem Lehrer durch manchen jugendlichen Streich Verdruss, und empfahl sich durch nichts, als durch seinen Kopf und sein Herz. Dies machte ihn zwar zum Liebling des Hausgesindes und des ganzen Dorfs; seine Laster aber schwärzten ihn an in den Augen seines katonischen Bruders […]

Wilhelms strenge Sitten litten auch auf der Universität keine Abänderung; aber Carls heftiges Temperament war vom Strom ergriffen und zu manchem Laster fortgerissen. […] Carl war noch zu flüchtig, um wie eine Moral zu leben, und seine Verschwendung und übermäßige Gutheit gegen arme Studierende versenkte ihn in Schulden. Dazu kam noch ein unglückliches Duell, das ihm die Gunst seines Vaters entzog und ihn in die Verlegenheit setzte, bei Nacht und Nebel die Akademie zu verlassen. Die ganze Welt lag nun offen vor ihm und kam ihm wie eine Einöde vor, wo er weder Unterhalt noch Ruhe fand. […] Er hatte sich kaum etwas erholt, so schrieb er den zärtlichsten Brief an seinen Vater und bemühte sich, durch das offene Geständnis seiner Laster, durch das traurige Gemälde seines Unglücks, durch Reue und ernste Gelübde die väterliche Vergebung zu erweinen. Umsonst! Der tückische Wilhelm unterschob seinen Brief, und Carl erhielt keine Antwort. […]

Doch ohne sich lange der unbarmherzigen Welt zu überlassen, entschloss er sich zu arbeiten. Er vertauschte seine Montur mit einem Kittel und trat bei einem Bauern als Knecht in Dienste. In müßigen Stunden unterrichtete er die Kinder seines Bauern mit dem besten Erfolge. Sein gutes Herz und seine Geschicklichkeit machten ihn zum Lieblinge des ganzen Dorfes. Ja, er wurde unter dem Namen des guten Hansen auch seinem Vater bekannt, mit welchem er oft unerkannt sprach, und mit Beifall belohnt wurde. Einstmals war der gute Hans mit Holzfällen im Walde beschäftigt; plötzlich hörte er von ferne ein dumpfes Geräusch. Er schlicht mit dem Holzbeil in der Hand hinzu, und – welch ein Anblick! – sah seinen Vater von entlarvten Mördern aus der Kutsche gerissen, den Postillon im Blute liegen, und bereits den Mordstahl auf der Brust seines Vaters blinken. Kindlicher Enthusiasmus entflammte jetzt unsern Karl. Er stürzte wütend unter die Mörder hinein, und sein Beil arbeitete mit so gutem Erfolg, dass er drei Mörder erlegte und den vierten gefangen nahm. Er setzte hierauf den ohnmächtigen Vater in die Kutsche und fuhr mit ihm seinem Rittersitz zu. […]

[Als sie in Sicherheit waren, bestellte der Vater den soeben Gefangenen ein.]

Wer ist der Mitschuldige dieses Mordes? – Ach, ich muss es sagen: der Junker Wilhelm. Sie lebten ihm zu lange, und er wollte sich auf diese verfluchte Weise in den Besitz Ihres Vermögens setzen.

Wilhelm?, sagte der Vater mit dumpfem Tone, schlug die Augen zu und blieb unempfindlich liegen. Hans blieb wie die Bildsäule des Entsetzens vor dem Bette seines Vaters stehen. Nach einigen Augenblicken dieser schrecklichen Unempfindlichkeit erhub der Vater die brechenden Augen und schrie im Tone der Verzweiflung: Keinen Sohn mehr? keinen Sohn mehr? – Ha, jene scheußliche Furie, mit Schlangen umwunden, ist mein Sohn – die Hölle nenne seinen Namen! Und jener Jüngling mit Rosenwangen und fühlendem Herzen ist mein Sohn Carl, ein Opfer seiner Leidenschaften – dem Elende preisgegeben! Lebt vielleicht nicht mehr! – Ja, er lebt noch, schrie Hans, dessen Empfindungen alle Dämme durchbrachen; er lebt noch und krümmt sich hier vor den Füßen des besten Vaters. Ach, kennen Sie mich nicht? Meine Laster haben mich der Ehre beraubt, Ihr Sohn zu sein! Aber kann Reue, können Tränen – hier sprang der Vater aus dem Bette, hob seinen Sohn von der Erde auf, schloss ihn in seine zitternden Arme, und beide verstummten. –«

Christian Friedrich Daniel Schubart: Schicksal. Zeitbild. Ausgewählte Schriften. Von Konrad Gaiser. Stuttgart: Silberburg, 1929. S. 318–323, hier S. 318–322. [Behutsam modernisiert.]

Worterläuterungen:

6 Zelot: griech., ›(engstirniger) Eiferer‹ | **6 misanthropischer:** menschenfeindlicher | **13 katonischen:** von dem Römer Marcus Porcius Cato dem Älteren (234–149 v. Chr.) abgeleitet, der als sehr sittenstreng galt | **37 entlarvten Mördern:** gemeint: Mörder, die ihre Masken (Larven) abgesetzt hatten

Arbeitsaufträge:

1. Lesen Sie den Text aufmerksam. Unterstreichen Sie die Textstellen, die sich an die Dramenhandlung in Schillers Räubern anschließen lassen. Notieren Sie Parallelen und Unterschiede.
2. Wie schätzen Sie die Ähnlichkeit zwischen beiden Texten ein: gibt es große oder weniger große Übereinstimmungen?
3. Welche Vermutungen lassen sich anstellen, wenn Sie die Entstehungszeit bzw. das Jahr der Veröffentlichung von Schubarts Erzählung mit dem von Schillers *Räuber*-Drama vergleichen?

*4. Formulieren Sie eine These bzw. Behauptung über den Zusammenhang beider Texte.

*5. Wie könnte das Ende von Schubarts Erzählung aussehen? Spekulieren Sie über den Ausgang des Bruderkonflikts (d. h., was mit Wilhelm passiert).

Auszüge aus Friedrich M. Klingers Bruder-Drama *Die Zwillinge* (1776)

1. Erster Aufzug, Erster Auftritt:

»GUELFO. Schwinde immer mehr zusammen, und mein Bruder reitet auf dem Adler über mich hinaus. Aber herunterreißen will ich ihn, will ihn im stolzen Schwung haschen, und niederschmettern! Kriechen soll er bei der Erde, und ich will schweben! [...] Blass sollt ihr alle stehen, bricht Guelfos Zorn los, der mich hinreißt, wie der hohe Sturm. Weg dann! ich bin nichts, nichts! schlag auf mein Herz – und nichts! Wenn ich seine Titel hinschreibe, schmier ich einen Bogen voll. Schreib ich mich gegen über, heißt's – Ritter Guelfo, mit einem Einkommen von 500 Dukaten. [...] hier die großen Exzellenzen, die Gouverneurs, der Herr von des alten Guelfos [Name des Vaters] fetten Gütern. Nicht so viel Land ist mein, als ich mit meinem Degen übermessen kann. Und warum denn nun? Grimaldi [Guelfos Cousin], warum hab' ich nichts, und er alles?«

Friedrich Maximilian Klinger: Die Zwillinge. Ein Trauerspiel in fünf Aufzügen. Hrsg. von Alexander Košenina. Stuttgart: Reclam, 2021. S. 11. [Behutsam modernisiert.]

2. Dritter Aufzug, Erster Auftritt:

»GUELFO. Hat nicht alles den Stachel zur Rache? Wenn Du den Wurm trittst, windet er sich unter Deiner Sohle, und sucht sich zu rächen. – Ich hass ihn von der Wiege, hass ihn von der Stunde, als seine Eitelkeit über mich hinauswollte – ich hass ihn von seinem ersten Stammeln. Ha! nannt' er mich nicht einst beim Spiel kleiner Guelfo! und ich schlug ihm vor die Stirne drüber! Siehst Du, wie das, was das Kind dachte, der Mann ausführte? Seine Kleider, die er trug, hasst' ich. Trug er einen Rock von der Farbe des meinigen, zerriss ich meinen. Weil die Jungens alle meine festen Tritte gingen, wollt' er's auch nachmachen; aber ich zerarbeitete meine Knie so lange, bis sie anders schritten; und die Kameraden riefen: »Guelfo, du gehst anders!« [...] Und wenn ich denk, Grimaldi, was das Leben ist; wie einer, der eine vermögende Seele hat, tief bei der Erde liegt, und ein andrer mit einem schwachen, eitlen, schmeichlerischen Geist über ihn hinaus schreitet und hoch sitzt! Ich bin nur Guelfo – ein Mensch, der wegen seiner Taten schrecklich unter Freunden und Feinden ist. Da ist Ferdinando, ein eitles, schwaches, elendes, püppisches Männchen, der von Empfindsamkeit viel schwätzt, nichts als ein bisschen Mädchenseele hat. [...] Und er ist auf dem Weg, mit den mir gestohlnen Gütern, mit der mir gestohlnen Braut, Herzog zu werden; und ich bin auf dem Weg, ein Narr zu werden über alles das! Aber abdringen will ich sie ihm! er soll sie hergeben, oder sein Leben!«

Ebd. S. 57 f.

Arbeitsaufträge:

1. Lesen Sie Text 1 (Erster Aufzug, Erster Auftritt). Worüber ist Guelfo so aufgebracht? Und wovor warnt er seinen Cousin und Vertrauten Grimaldi?
2. Lesen Sie auch Text 2 (Dritter Aufzug, Erster Auftritt). Welche zusätzlichen Informationen erfährt das Publikum hier über das Verhältnis der beiden Zwillingsbrüder?
3. Beschreiben Sie Guelfos Handlungsmotivation und spekulieren Sie über den weiteren Verlauf des Dramas.

*4. Mit welchem Protagonisten aus Schillers *Räubern* weist Guelfo Ähnlichkeiten auf und inwiefern? Notieren Sie sprachlich auffällige, verwandte Passagen.

*5. Benennen Sie mindestens einen Monolog aus Schillers Drama, der inhaltliche bzw. sprachliche Parallelen zu den oben abgedruckten Auszügen aus Friedrich Maximilian Klingers *Die Zwillinge* aufweist. Erläutern Sie Ihre Beobachtungen.

9 Schillers *Räuber* als ein Drama des Sturm und Drang kritisch nachvollziehen

Sachanalyse

Schillers Dramenerstling wird gemeinhin der kurzen Epoche einer jungen Dichtergeneration zugeordnet, die ihren Namen nach dem Titel eines Schauspiels von Friedrich Maximilian Klinger erhielt: *Sturm und Drang* (1776). Die einschlägigen Dramen der Epoche, zu denen neben Klingers Clan- und Familiendramen (vgl. *Die Zwillinge*, Unterrichtsschritt 8.5) u. a. auch Goethes *Götz von Berlichingen* (1773) und Johann Anton Leisewitz' *Julius von Tarent* (1774) gerechnet werden, thematisieren Vater- und Bruderkonflikte, die sich in der Regel mit der Rebellion »gegen Gesetze [und] moralische Vorstellungen, aber auch literarische Konventionen«[1] verbinden.

Kennzeichnend für Schillers *Räuber*-Drama ist in sprachlicher Hinsicht der »gefühls- und ausdrucksstarke[] Stil, in den sich Kraftausdrücke und Umgangssprachliches mischen«.[2] Deutlich wird das zuallererst an Karls Protestrede im Ersten Akt, in der sich die ungezwungene, die Form sprengende Diktion mit dem Inhalt verbindet und so das Aufbegehren gegen die Norm auch sprachlich realisiert.

Das Streben nach Freiheit und Selbstbestimmung dominiert so nicht nur die Grundhaltung des Dramas, sondern lässt sich auch auf der Gestaltungsebene nachverfolgen. Schiller verwendete den Gattungsbegriff der Tragödie zunächst nicht, sondern bezeichnete das Drama als ein Schauspiel, auch um die Eigengesetzlichkeit der Handlung und die dynamische Konsequenz, die die Entscheidungen der Protagonisten für den Dramenfortgang haben, zu betonen. Insofern brach er mit einer streng formalisierten Gattungstradition, die sich auch im späten 18. Jahrhundert noch an der Aristotelischen Tragödientheorie orientierte: Die drei auf Aristoteles zurückgeführten Einheiten (des Ortes, der Zeit und der Handlung) werden in den *Räubern* nicht aufrechterhalten.[3] Weder spielt sich die Handlung innerhalb eines Tages noch an einem zentralen Ort ab; auch ist mit der kontrastiven Anordnung der Szenen mit Franz bzw. Karl eine doppelte Struktur verknüpft, die zudem weitere Nebenhandlungen (wie die Liebeshandlung Karl – Amalia oder das Auftreten Kosinskys) integriert. Unterhalb des Personenregisters kündigt Schiller zu Beginn des Dramas an, der »Ort der Geschichte« sei »Teutschland«, »die Zeit ohngefähr zwei Jahre« (10,20 f.). Tatsächlich wechselt der Schauplatz zwischen dem Moorischen Schloss, einer Schenke an den Grenzen zu Sachsen und den böhmischen Wäldern hin und her; noch dazu werden in Form von Botenberichten (wie dem Bericht Spiegelbergs vom Überfall auf das Cäcilienkloster oder Schweizers und Rollers Erzählung von der Inbrandsetzung einer ganzen Stadt) Zwischenhandlungen eingefügt, die auf der Bühne nicht gezeigt werden (können).

Insofern ist ohnehin diskutabel, inwiefern der idealtypische Aufbau, wie ihn Gustav Freytag ex post in Orientierung am klassischen Drama beschrieben hat – Exposition (Einführung), steigende Handlung, Höhepunkt und Peripetie (Umschwung), fallende Handlung mit retardierendem Moment (spannungssteigernde Verzögerung), Katastrophe –, an den *Räubern* gemessen werden kann. Immerhin scheint es, als würden zumindest die zentralen Momente der klassischen Spannungsführung u. a. in Karls Treueschwur (dem Höhepunkt im Dritten Akt) sowie der Rückkehr zum Schloss (Retardation) umgesetzt.

Im Verlauf des Dramas lässt sich der Einsatz einer Reihe von stilistischen Mitteln nachverfolgen, die paradigmatisch für die epochale Zuordnung zum Sturm und Drang sind, so z. B. die Worthäufung (Akkumulation), der Satzbruch (Anakoluth), die Antithese (Gegensatz) sowie vielerlei Auslassungen (Ellipsen),[4] die dem impulsiven, gedrängten und assoziativen Ausdruck der Protagonisten Karl und Franz entsprechen. Veranschaulichen lässt sich das insbesondere an den Gesprächen zwischen den Räubern, aber auch an den Monologen Franz' und Karls. Während Letzterer neben ein paar Selbstreflexionen nur einen längeren lyrischen Monolog im Vierten Akt vorträgt – und also wenig zu verbergen hat –, hält Franz ganze vier Monologe, die seine intriganten Absichten offenlegen. In beiden Figuren knüpft Schiller in dialektischer Weise an die aufklärerischen Diskurse seiner Zeit an: Zu Wort kommen in Franz' Monologen (wie auch dem »Räuberlied«) die Materialisten (als Widerpart des Idealismus), die den persönlichen Interessen Vorrang vor jedweder Moralität einräumen; in Karls Protestrede gegen das »Kastratenjahrhundert« (22,22) fließen wiederum Aspekte von Rousseaus Zivilisationskritik ein. Im Ende des Dramas wird allerdings den von Schiller radikalisierten Extremen der aufklärerischen Positionen, Franz' egoistischem Nutzenkalkül und der von den Räubern praktizierten, entfesselten Selbstjustiz, gleichermaßen eine Absage erteilt.

1 Alexander Košenina, »Nachwort«, in: Friedrich Maximilian Klinger, *Die Zwillinge. Ein Trauerspiel in fünf Aufzügen*, hrsg. von A. K., Stuttgart 2021, S. 108.

2 Reiner Poppe / Frank Suppanz, *Lektüreschlüssel XL. Friedrich Schiller: »Die Räuber«*, Stuttgart 2017 [u. ö.], S. 53.

3 Ebd., S. 47.

4 Vgl. ebd., S. 53–56.

Unterrichtsverlauf

Überblick. Über die epochale Zugehörigkeit von Schillers Drama informieren sich die Schülerinnen und Schüler anhand eines Lehrfilms, der einen Überblick zu den Autoren, ihren literarischen Zielen und dem historischen Kontext des Sturm und Drang gibt. Die Besonderheiten der Epoche werden erschlossen und hinsichtlich der Rhetorik und Sprache genauer untersucht. Die Lerngruppe vergegenwärtigt sich die formale Anlage und Struktur des Dramas und schafft so die Voraussetzung für die Bilanzierung, dass die *Räuber* die klassische Form-Trias der Einheit von Ort, Zeit und Inhalt weitgehend sprengen.

Phase	Thema	Sozialform	Kompetenzen und Lernziele	Materialien
Voraussetzung: Kenntnis des gesamten Dramas				
9.1	Einstiegsphase: Kurz und bündig – Schillers *Räuber* als Epochen-Drama	UG / EA	• Sich durch ein Informationsvideo einen Überblick über eine literarische Strömung verschaffen • Einzelinformationen zu einem epochalen Kontext verknüpfen und das Gelernte verschriftlichen	VORLAGE 9a ➤ S. 79 Internetzugang
9.2	Merkmale und Konstellationen des ›Sturm und Drang‹	UG	• Die Informationen aus einem vielschichtigen Video erfassen und vertiefen • Die Forderungen und Gemeinsamkeiten der Autoren des Sturm und Drang erkennen	VORLAGE 9b ➤ S. 80
9.3	»Mein Geist dürstet nach Taten, mein Atem nach Freiheit, – Mörder, Räuber!« Die Sprache des Dramas analysieren	UG	• Die rhetorischen Stilmittel und die Sprache einer ausgewählten Szene beschreiben • Texterschließungstechniken üben	VORLAGE 4c ➤ S. 36 VORLAGE 9c ➤ S. 81
9.4	Vertiefung: Eine Szene interpretieren	PA	• Texterschließungstechniken eigenständig anwenden • Einen Szenenauszug formalsprachlich und inhaltlich interpretieren	ARBEITSBLATT 9a ➤ S. 83f. ARBEITSBLATT 9b ➤ S. 85f.
9.5	Gegen das Modell: Struktur und Anlage der *Räuber* reflektieren	UG	• Die Eigengesetzlichkeit des Dramas nachvollziehen	VORLAGE 7b ➤ S. 60 TAFELBILD 9 ➤ S. 82
HA	Verfassen einer Szenenanalyse			ARBEITSBLATT 9a ➤ S. 83f. ARBEITSBLATT 9b ➤ S. 85f.

9.1 Einstiegsphase: Kurz und bündig – Schillers *Räuber* als Epochen-Drama

UG / EA

VORLAGE 9a ➤ S. 79
Internetzugang

Unterrichtsschritt. Anhand des fünfminütigen Infofilms des Content-Netzwerks von ARD und ZDF »Sturm und Drang – musstewissen Deutsch« (youtu.be/BZPpVMx6OD4) erfahren die Schülerinnen und Schüler Basisinformationen über die literarische Strömung des Sturm und Drang. Sie verschaffen sich einen Überblick über die gesellschaftlichen Bedingungen der 1770er und 1780er Jahre, die zentralen Werke sowie das Programm der Autoren der Epoche. In Einzelarbeit verschriftlichen sie im Anschluss an das Video, das sie gegebenenfalls selbst noch einmal abspielen können, das Erfasste anhand des Fragenkatalogs auf VORLAGE 9a ***Die Epoche des Sturm und Drang***.

Erläuterungen. Die zentralen Informationen zum Fragenkatalog können dem Lehrfilm (und der Sachanalyse) entnommen werden. Indem die Schülerinnen und Schüler ihre Antworten verschriftlichen, können ihre Ausdrucksmöglichkeiten gefördert und kann der Wissenstransfer überprüft werden. Idealerweise haben sie die Grundvor-

VORLAGE 9a

Die Epoche des Sturm und Drang

Videoclip »Sturm und Drang – musstewissen Deutsch«:
youtu.be/BZPpVMx6OD4

Arbeitsaufträge:

1. In welche Zeit fällt in etwa die literarische Strömung des Sturm und Drang?
2. Welche Ziele verfolgen die Stürmer und Dränger, und wer wird zu ihnen gerechnet?
3. Benennen Sie drei Werke, die der Epoche gemeinhin zugeordnet werden.

*4. In welchem Verhältnis steht die Strömung zur Aufklärungsphilosophie?

aussetzungen der literarischen Strömung des Sturm und Drang erfasst und sind in der Lage, Schillers Drama vor diesem Hintergrund zu betrachten. Zudem bereiten die Formulierungen der Lerngruppe das Unterrichtsgespräch in 9.2 vor.

9.2 Merkmale und Konstellationen des ›Sturm und Drang‹

Unterrichtsschritt. Im Unterrichtsgespräch wird als Tafelbild eine Mindmap erarbeitet (Anlage z. B. wie in VORLAGE 9b ***Merkmale und Konstellationen des Sturm und Drang***). Durch die schriftlichen Ausführungen der Lerngruppe kann das Unterrichtsgespräch gesteuert und je nach Qualität der Beiträge ausgeweitet bzw. vertieft werden. Die Beiträge werden den drei Schwerpunkten – »Autoren«, »Literarische Ziele«, »Gesellschaftlicher Kontext« – zugeordnet bzw. subsumiert. Die vernetzte Struktur der Mindmap bietet die Gelegenheit, die wesentlichen Informationen zum Sturm und Drang in einen visuellen Zusammenhang zu überführen, in dem zugleich auch Detailwissen sichtbar gemacht werden kann. Alternativ kann die fertige VORLAGE 9b präsentiert und erläutert werden.

UG

VORLAGE 9b ➤ S. 80

9.3 »Mein Geist dürstet nach Taten, mein Atem nach Freiheit, – Mörder, Räuber!« Die Sprache des Dramas analysieren

Unterrichtsschritt. Anhand der VORLAGE 4c ***Rhetorische Stilmittel (Auswahl)*** rekapitulieren die Schülerinnen und Schüler die wichtigsten Stil- und Sprachausprägungen poetischer Texte. Am Beispiel des Aufrufs Karls zum Räubertum im Ersten Akt (Reclam XL, 36,19–35) wendet die Lerngruppe das Register auf das *Räuber*-Drama an und ermittelt die Stilfiguren in der Textpassage. Es empfiehlt sich, die VORLAGE 9c ***Karls Aufruf zum Räubertum – Analyse der sprachlichen Mittel*** zunächst noch abgedeckt zu lassen, bis die Stilfiguren Zeile für Zeile von den Schülerinnen und Schülern ermittelt (oder der Lehrperson erläutert) worden sind. Die Lerngruppe versucht abschließend, gegebenenfalls mit Unterstützung durch die Lehrperson, zu bestimmen, inwiefern die formalsprachliche mit der inhaltlichen Analyse verbunden werden kann.

UG

VORLAGE 4c ➤ S. 36
VORLAGE 9c ➤ S. 81

Erläuterungen. Im Handlungskontext kann der Szenenauszug der VORLAGE 9c der Exposition zugeordnet werden. Er beschreibt den Moment, als Karl voller Enttäuschung und Wut gegenüber seinem (vermeintlichen) Verstoß aus dem Elternhaus die Kameraden versammelt, um mit ihnen eine Bande von Räubern zu gründen. Seine impulsive Rede ist dementsprechend von starken Gefühlsausdrücken geprägt, die sich im Sprachbild anzeigen: So fallen bereits nach erster Lektüre die gehäuften Ausrufezeichen und Gedankenstriche auf, die den assoziativen Duktus der Empörung abbilden. Konkret beobachtet und ermittelt werden können eine Reihe von Ausrufen (Exclamatio), die Selbstbezichtigungen und -bezeichnungen (z. B. »was für ein Tor ich war«; »ich bin euer Hauptmann«) beinhalten; daneben Parallelismen, die sich mit einem parataktischen (d. h. aneinanderreihenden) Satzbau verbinden. Durch die freie und ungebundene Rede bricht Schiller nicht nur optisch, sondern auch sprachlogisch die etablierten (auch metrischen) Normen auf, welche die dramatische Gattung lange bestimmt haben: Die Aussage, »mit diesem Wort war das Gesetz unter meine Füße gerollt«), lässt sich somit auf einer inhaltlichen *und*

VORLAGE 9b

Merkmale und Konstellationen des Sturm und Drang

I. Der gesellschaftliche Kontext

Politische Situation

Unabhängigkeitserklärung USA:
»We hold these truths to be self-evident, that all men are created equal, that they are endowed by their Creator with certain unalienable Rights, that among these are Life, Liberty and the pursuit of Happiness.« (1776)

In Deutschland:
- politisches Kleinstaatengebilde
- autoritäres Herrschaftssystem mit traditionaler, erbdynastischer Hierarchie; auf Gehorsam der Untertanen gegründet
- Drei-Stände-Ordnung

Technische Errungenschaften, (natur)wissenschaftliche Erkenntnisse

Industrielle Revolution:
- Dampfmaschine
- mechanischer Webstuhl

Aufklärungsphilosophie

- Orientierung an Vernunft; Rationalität

- Empfindsamkeit
- Emotionen

- Ideal: vernunftgemäße Selbstbestimmung des Menschen

- Streben nach Autonomie

Sturm und Drang
ca. 1767–1784

II. Die literarischen Ziele

- Befreiung von den bis dato gültigen literarischen Formgesetzen
- Individualität des Ausdrucks

➤ Eigenständigkeit der dramatischen Figuren; »Stimme« subjektiven Ausdrucks; Sprachgewalt

➤ Eigengesetzlichkeit

III. Die Autoren

- **Friedrich Schiller (*Die Räuber*)**
- Johann Anton Leisewitz
- Heinrich Leopold Wagner
- Johann Wolfgang Goethe
- Christian F. D. Schubart
- Friedrich Maximilian Klinger (gleichnamiges Drama *Sturm und Drang*)

VORLAGE 9c

Karls Aufruf zum Räubertum – Analyse der sprachlichen Mittel
(Reclam XL, 36,19–35)

MOOR. Siehe, da fällt's wie der Star von meinen Augen! was für ein Tor ich war, dass ich ins Käficht zurückwollte! – Mein Geist dürstet nach Taten, mein Atem nach Freiheit, – Mörder, Räuber! – mit diesem Wort war das Gesetz unter meine Füße gerollt – Menschen haben Menschheit vor mir verborgen, da ich an Menschheit appellierte, weg dann von mir Sympathie und menschliche Schonung! – Ich habe keinen Vater mehr, ich habe keine Liebe mehr, und Blut und Tod soll mich vergessen lehren, dass mir jemals etwas teuer war! Kommt, kommt! – Oh ich will mir eine fürchterliche Zerstreuung machen – es bleibt dabei, ich bin euer Hauptmann! Und Glück zu dem Meister unter euch, der am wildesten sengt, am grässlichsten mordet, denn ich sage euch, er soll königlich belohnet werden – tretet her um mich ein jeder und schwöret mir Treu und Gehorsam zu bis in den Tod! – schwört mir das bei dieser männlichen Rechte!

Exclamatio
Anakoluth
★
Antithese
Assonanz
Parallelismus
Hyperbel
Pathos
Klimax
biblisches Sprachregister
Emphase

formalen Ebene verstehen. Karl Moor artikuliert damit nicht nur seine Verachtung gegenüber den moralischen Gesetzen der Gesellschaft (eine Verachtung, die gleichwohl aus der enttäuschten und zurückgewiesenen Familienliebe resultiert), sondern rebelliert als Protagonist zugleich gegen die literarischen Konventionen.

Schiller erreicht durch die ungezwungene Sprache seiner Figuren die bessere Einfühlung des Publikums in die Gefühlslage des Protagonisten, dessen Emotionen so besser transportiert werden können als in der Versform. Die Sprachgewalt und der Handlungsdrang Karl Moors kommt vor allem an jenen Stellen zum Ausdruck, wo er pathetische oder kraftvolle Worte wählt (»ich will mir eine fürchterliche Zerstreuung machen«) oder die Kameraden mit Nachdruck auffordert, ihm »Treu und Gehorsam« zu schwören. Manche der Ausdrücke mögen in ihrer Verknüpfung zunächst übertrieben wirken (wie z. B. »Blut und Tod soll mich vergessen lehren, dass mir jemals etwas teuer war«). Zumeist stehen dahinter jedoch Ankündigungen von Handlungen, die Karl Moor zusammen mit den Räubern durchaus in die Tat umzusetzen beabsichtigt. Sie erzeugen daher eine erhöhte Aufmerksamkeit und Spannung gegenüber dem weiteren Dramenverlauf.

Für den folgenden Unterrichtsschritt kann die VORLAGE 9c auch an die Schülerinnen und Schüler ausgeteilt werden.

9.4 Vertiefung: Eine Szene interpretieren

Unterrichtsschritt. Im Anschluss können sich die Schülerinnen und Schüler selbstständig in Partnerarbeit an einer Szeneninterpretation versuchen (ARBEITSBLATT 9a *Der Botenbericht von der zerstörten Stadt – Analyse der sprachlichen Mittel*, ARBEITSBLATT 9b *Karls Ringen mit dem Selbstmord – Analyse der sprachlichen Mittel*).

Die Hausaufgabe schließt an diesen Unterrichtsschritt an und sieht das eigenständige Verfassen einer Szeneninterpretation vor. Dies ist als Vorbereitung für die Klausur relevant.

Alternative. Die Lehrperson kann auch nur ein Arbeitsblatt (ARBEITSBLATT 9a oder ARBEITSBLATT 9b) für die Partnerarbeit vorsehen. Dann ist das jeweils andere mögliche Grundlage der Hausaufgabe.

PA

ARBEITSBLATT 9a
➤ S. 83 f.
ARBEITSBLATT 9b
➤ S. 85 f.
Lösungshinweise
➤ S. 102–105

9.5 Gegen das Modell: Struktur und Anlage der *Räuber* reflektieren

UG

VORLAGE 7b
➤ S. 60
TAFELBILD 9
➤ S. 82

Unterrichtsschritt. Anhand der bereits in der 5. und 7. Unterrichtsstunde erarbeiteten VORLAGE 7b zur dramatischen Anlage der *Räuber* resümieren die Schülerinnen und Schüler die ›klassischen‹ Modellvorgaben für das Drama. Im gemeinsamen Unterrichtsgespräch diskutiert die Lerngruppe, inwiefern Schiller darüber hinaus die dramaturgischen Vorgaben berücksichtigt – und wo die *Räuber* von ihnen abweichen bzw. das Drama die Konventionen »aushebelt«. Die Ergebnisse werden im TAFELBILD 9 festgehalten.

Leitfragen:

- Vergegenwärtigen Sie sich noch einmal das für die *Räuber* erarbeitete Dramenmodell (VORLAGE 7b).
- Reflektieren Sie insbesondere die klassischen Vorgaben zur Einheit von Zeit, Ort und Handlung und prüfen Sie sie an Schillers Drama.
- Welche Phasen und Situationen des Modells erfüllen die *Räuber* und worin weichen sie davon ab? Beziehen Sie Ihre Überlegungen dabei insbesondere auf die »drei Einheiten«.
- Welche sprachlichen und dramaturgischen Vorteile ergeben sich aus der ungebundenen Rede des Dramenpersonals?
- (*) Erwägen Sie vergleichend auch die Vorzüge, die ein versifiziertes Drama (wie z. B. Schillers *Don Karlos*) dagegen haben kann.

TAFELBILD 9

Gegen das Modell: Struktur und Anlage der *Räuber*

Einheit von Ort, Zeit und Handlung?

➤ *Ein Ort?*
Mehrere Schauplätze: das Moorische Schloss, eine Schenke nahe Leipzig, die böhmischen Wälder, Gegend an der Donau …

➤ *Handlung innerhalb eines Tages?*
Siehe die Angaben zum Drama (Reclam XL, 14,20 f.): »die Zeit ohngefähr zwei Jahre«

➤ *Schlüssiger Handlungsverlauf, kausale Verknüpfung der Szenen?*
Nebenhandlungen: Kosinsky als Deus ex machina, Liebesverhältnis Karl – Amalia, Botenberichte

➤ *Beschränkung auf wenige Figuren?*
Große Personenanzahl: 16 namentlich genannte, dazu »Räuberbande«/»Nebenpersonen« (Reclam XL, 14,18 f.)

Einheitliche Sprache?

➤ Unterschiedliche Stillagen

➤ Integration von Kunstsprache (Strophen in Versen) in den lyrischen Einschüben

➤ Satzbau gemischt, durchsetzt von Ellipsen und Kraftausdrücken

ARBEITSBLATT 9a
➤ S. 83 f.
ARBEITSBLATT 9b
➤ S. 85 f.

Hausaufgabe

Verfassen einer Szenenanalyse auf Basis von ARBEITSBLATT 9a oder ARBEITSBLATT 9b. Die Schülerinnen und Schüler können den jeweils anderen, nicht in der Partnerarbeit in Unterrichtsschritt 9.4 behandelten Szenenauszug analysieren bzw. den dort nicht bearbeiteten. Möglich ist auch die Vervollständigung der in der Unterrichtsstunde nicht abgeschlossenen Analyse.

Der Botenbericht von der zerstörten Stadt – Analyse der sprachlichen Mittel

(Reclam XL, 68,23–69,37)

SCHWEIZER. Wir passten die Zeit ab, bis die Passagen leer waren. Die ganze Stadt zog dem Spektakel nach, Reuter und Fußgänger durcheinander und Wagen, der Lärm und der Galgenpsalm johlten weit. Itzt, sagt der Hauptmann, brennt an, brennt an! Die Kerl flogen wie Pfeile, steckten die Stadt an dreiunddreißig Ecken zumal in Brand, werfen feurige Lunten in die Nähe des Pulverturms, in Kirchen und Scheunen – Mordbleu es war keine Viertelstunde vergangen, der Nordostwind, der auch seinen Zahn auf die Stadt haben muss, kam uns trefflich zustatten, und half die Flamme bis hinauf in die obersten Giebel jagen. Wir indes Gasse auf, Gasse nieder, wie Furien – Feuerjo! Feurjo! durch die ganze Stadt – Geheul, – Geschrei – Gepolter – fangen an die Brandglocken zu brummen, knallt der Pulverturm in die Luft, als wär die Erde mitten entzweigeborsten, und der Himmel zerplatzt und die Hölle zehntausend Klafter tiefer versunken.

[…]

ROLLER. Es war Hülfe in der Not, ihr könnt's nicht schätzen. Ihr hättet sollen – den Strick um den Hals – mit lebendigem Leib zu Grabe marschieren wie ich, und die sackermentalischen Anstalten und Schinderszeremonien, und mit jedem Schritt, den der scheue Fuß vorwärts wankte, näher und fürchterlich näher die verfluchte Maschine, wo ich einlogiert werden sollte, im Glanz der schröcklichen Morgensonne steigend, und die laurenden Schindersknechte und die grässliche Musik – noch raunt sie in mei-

Tempus: ....

Satzbau: ....

Tempuswechsel: ....

....

....

....

....

....

....

....

....

....

nen Ohren – und das Gekrächz hungriger Raben, die an meinem halbfaulen Antezessor zu dreißigen hingen, und das alles, alles – und obendrein noch der Vorschmack der Seligkeit, die mir blühete! – Bruder, Bruder! Und auf einmal die Losung zur Freiheit – Es war ein Knall, als ob dem Himmelfass ein Reif gesprungen wäre – hört, Kanaillen! Ich sag euch, wenn man aus dem glühenden Ofen ins Eiswasser springt, kann man den Abfall nicht so stark fühlen als ich, da ich am andern Ufer war.

....

....

★

....

Arbeitsauftrag:

Verfassen Sie eine Interpretation des Dramenauszugs. Orientieren Sie sich dabei an folgendem Fragenkatalog:

1. Lesen Sie den Szenenauszug aufmerksam und versuchen Sie mithilfe des Dramentextes, ihn in den Handlungszusammenhang einzuordnen. In welcher Situation findet dieser Botenbericht statt?
2. Bestimmen Sie die Stilmittel der markierten Textpassagen.
3. Geben Sie die wichtigsten Inhalte des Botenberichts schriftlich wieder und beziehen Sie dabei die rhetorischen sowie lautlichen Besonderheiten mit ein.

*4. Ergänzen Sie Ihren Text um kurze Erläuterungen und Gedanken dazu, wie Sie die Aussagen verstehen. Erläutern Sie dabei auch die Funktion der sprachlichen Mittel für die dramatische Handlung.

Karls Ringen mit dem Selbstmord – Analyse der sprachlichen Mittel

(Reclam XL, 118,27–119,32)

[KARL MOOR] *(Er legt die Laute hin, geht tiefdenkend auf und nieder.)*

Wer mir Bürge wäre? – – Es ist alles so finster – verworrene Labyrinthe – kein Ausgang – kein leitendes Gestirn – Wenn's aus wäre mit diesem letzten Odemzug – Aus wie ein schales Marionettenspiel – Aber wofür der heiße Hunger nach Glückseligkeit? Wofür das Ideal einer unerreichten Vollkommenheit? Das Hinausschieben unvollendeter Plane? – wenn der armselige Druck dieses armseligen Dings (*die Pistole vors Gesicht haltend*) den Weisen dem Toren – den Feigen dem Tapfern – den Edlen dem Schelmen gleichmacht? – Es ist doch eine so göttliche Harmonie in der seelenlosen Natur, warum sollte dieser Missklang in der vernünftigen sein? – Nein! Nein! Es ist etwas mehr, denn ich bin noch nicht glücklich gewesen.

Glaubt ihr, ich werde zittern? Geister meiner Erwürgten! ich werde nicht zittern! (*Heftig zitternd.*)

[…]

(*Er setzt die Pistole an.*) Zeit und Ewigkeit – gekettet aneinander durch ein einzig Moment! – Grauser Schlüssel, der das Gefängnis des Lebens hinter mir schließt, und vor mir aufriegelt die Behausung der ewigen Nacht – sage mir – o sage mir – wohin – wohin wirst du mich führen? – Fremdes, nie umsegeltes Land! – Siehe, die Menschheit erschlappt unter diesem Bilde, die Spannkraft des Endlichen lässt nach, und die Phantasei, der mutwillige Affe der Sinne, gaukelt unserer Leichtgläubigkeit seltsame Schatten vor – Nein! Nein! Ein Mann muss nicht straucheln – Sei, wie du willt, namenloses Jenseits – bleibt mir nur dieses mein Selbst getreu – Sei wie du willt, wenn ich nur mich selbst mit hinübernehme. – Außendinge sind nur der Anstrich des Manns – Ich bin mein Himmel und meine Hölle.

....

....

....

....

Arbeitsauftrag:

Verfassen Sie eine Interpretation des Dramenauszugs. Orientieren Sie sich dabei an folgendem Fragenkatalog.

1. Lesen Sie den Szenenauszug aufmerksam und versuchen Sie mithilfe des Dramentextes, ihn in den Handlungszusammenhang einzuordnen. In welcher Situation findet der Monolog statt?
2. Bestimmen Sie die Stilmittel der markierten Textpassagen.
3. Geben Sie die wichtigsten Inhalte des Monologs schriftlich wieder und beziehen Sie dabei die rhetorischen Besonderheiten mit ein.

*4. Ergänzen Sie Ihren Text um kurze Erläuterungen und Gedanken dazu, wie Sie die Aussagen verstehen. Erläutern Sie dabei auch die Funktion der sprachlichen Mittel für die dramatische Handlung.

10 Schillers Erzählung *Verbrecher aus Infamie* als stoffliche Parallele kennenlernen

Sachanalyse

Nach der tragischen Figur Karl Moors nimmt sich Schiller wenige Jahre später ein weiteres Mal literarisch einer Räuberkarriere an: In der 1786 in der Zeitschrift *Thalia* veröffentlichten Erzählung *Verbrecher aus Infamie* (die ab 1792 unter dem Titel *Der Verbrecher aus verlorener Ehre*[1] firmiert) behandelt er die Geschichte des »Sonnenwirts«. Vorlage für die Erzählung bildete ein Kriminalfall[2], der sich Mitte des 18. Jahrhunderts in Schwaben ereignet hatte: das Schicksal des mit bürgerlichem Namen als Friedrich Schwan bekannten Räuberhauptmanns, der nach langjährigem Vagabundieren schließlich entdeckt und 1760 hingerichtet worden war. Schiller erfuhr durch Jakob Friedrich von Abel, seinem Lehrer auf der Hohen Karlsschule, praktisch aus erster Hand von dem Fall.[3] Abels Vater selbst war jener Amtmann, der den flüchtigen Friedrich Schwan gestellt hatte (und als solcher auch Eingang in Schillers Erzählung findet).

In Anlehnung an die Begebenheit motiviert Schiller in seiner Version die sich in mehreren Vergehen allmählich zum Verbrechen häufenden Taten eines Mannes, der vom Aussehen und auch dem Stand her nicht gerade zu den privilegierten Bürgern der Gesellschaft gehört. Insofern unterscheiden sich die Vorbedingungen zum Handeln grundsätzlich gegenüber denen des adeligen Karl von Moor, der sich vornehmlich aus persönlichen Gründen zum räuberischen Rachefeldzug entschließt. Ähnlichkeiten in der Physiognomie weist der Protagonist jedoch mit der Beschreibung Franz Moors auf: So erscheint Christian Wolf, jener Verbrecher aus verlorener Ehre, als ebenso von der Natur »verabsäumt« (S. 8) wie der zweitgeborene Graf von Moor. Die Geschichte schildert ihn als eine »kleine unscheinbare Figur« (ebd.) mit »plattgedrückte[r] Nase« (S. 8 f.) sowie »eine[r] geschwollene[n] Oberlippe, welche noch überdies durch den Schlag eines Pferdes aus ihrer Richtung gewichen war« (S. 9) und »seinem Anblick eine Widrigkeit [gab], welche alle Weiber von ihm zurückscheuchte und dem Witz seiner Kameraden eine reichliche Nahrung darbot« (ebd.).

Mehr noch als das Drama erläutert die Erzählung die psychologischen Beweggründe und sozialen Vorbedingungen, die zum verbrecherischen Handeln und dem Anschluss an eine Räuberbande führen. So wird Christian Wolf zum Wilddieb, weil er arm ist und ein Mädchen für sich gewinnen will. Nachdem er von seinem Nebenbuhler entdeckt und angezeigt wird, gerät er in den Sog der strafrechtlichen Konsequenzen seiner Tat, die seinen Ruin mit verschulden und seine wiederholte Rückfälligkeit als Räuber provozieren.

Schillers Ansatz schließt sich an die Einsichten der Erfahrungsseelenkunde an, einer seinerzeit von Karl Philipp Moritz vertretenen psychologischen Lehre, die sich u. a. auch mit Spekulationen über den Zusammenhang von Physiognomik und dem Handeln des Menschen verband. In den ersten Absätzen der Geschichte bringt Schiller seine Erzählhaltung mit zwei Darstellungsmöglichkeiten in Zusammenhang, von denen er die eine als zu »hinreißende[]« (S. 7) Methode kritisiert und die andere als distanziertere, aber psychologisch forschende empfiehlt. Ihm selbst sei es darum zu tun, den »Helden« – den er als »gemischten Charakter« (vgl. S. 5) versteht – mit dem Leser bekannt zu machen, »eh er handelt; wir müssen ihn seine Handlung nicht bloß vollbringen sondern auch wollen sehen« (S. 7). Hinter der poetischen Rechtfertigung lässt sich eine Kritik an der Gerichtsbarkeit des späten 18. Jahrhunderts erkennen, als diese noch weit davon entfernt war, bei der Urteilsfindung die psychische Verfassung und sozialen Voraussetzungen der Tatverdächtigen zu berücksichtigen. Als Wolf wiederholt zum Wilddieb wird, mahnt auch die Erzählstimme: »Die Richter sahen in das Buch der Gesetze, aber nicht e i n e r in die Gemütsverfassung des Beklagten.« (S. 11) An Beispielen wie der Ablehnung des Vorbestraften als Tagelöhner oder der verächtlichen Demütigung Wolfs durch ein Kind wird auch die soziale Stigmatisierung veranschaulicht. Bereits als Kleinkrimineller ist der Protagonist ein gebrandmarkter

1 Friedrich Schiller, *Der Verbrecher aus verlorener Ehre und andere Erzählungen*, Nachwort von Bernhard Zeller, Stuttgart 2016 [1964] oder auch die Studienausgabe von Alexander Košenina: Friedrich Schiller, *Der Verbrecher aus verlorener Ehre. Studienausgabe*, Stuttgart 2014. Die folgenden Textangaben beziehen sich auf erstere Ausgabe (von 2016).

2 Dass Schiller auch in den folgenden Jahren an Verbrecherpathographien interessiert blieb, zeigt seine Übersetzung und Herausgabe einer seinerzeit bekannten französischen Sammlung von Kriminalfallgeschichten: François Gayot de Pitaval, *Merkwürdige Rechtsfälle als ein Beitrag zur Geschichte der Menschheit*, hrsg. von Friedrich Schiller (1792–95). Eine neue, kommentierte und mit Nachwort versehene Edition bietet Oliver Tekolf (Hrsg.), *Schillers Pitaval. Merkwürdige Rechtsfälle als ein Beitrag zur Geschichte der Menschheit, verfasst, bearbeitet und herausgegeben von Friedrich Schiller*, Frankfurt a. M. 2005.

3 Vgl. Friedrich Schiller, »Der Verbrecher aus verlorener Ehre«, in: F. S., *Schillers Werke. Nationalausgabe*, Bd. 16, hrsg. von Hans Heinrich Borcherdt, Weimar 1954, S. 372; Christian Grawe, *Erläuterungen und Dokumente. Friedrich Schiller: »Die Räuber«*, Stuttgart 2009 [u.ö.], S. 142, (»III.4 Der Sonnenwirt«).

Außenseiter. Dass den anfänglich bloßen Wilddieb bereits die volle Härte des Gesetzes trifft, zeigt dabei, wieviel mehr die zeitgenössische Rechtsprechung darauf bedacht war, die Besitzrechte der Landesherren zu zementieren, als die oft existenziellen Nöte des Dritten Standes wahrzunehmen – wovon auch das »Edikt gegen die Wildschützen« (S. 10) ein Beispiel gibt. Als man ihm die Rückkehr in die Gesellschaft wiederholt verunmöglicht, trifft er den Entschluss, »[s]ein Schicksal [zu] verdienen« (S. 15): Er wird zum Mörder des früheren Nebenbuhlers und schließt sich einer Bande von Räubern an. Mit Karl Moor teilt er schließlich die Reue über seine Taten und die Bereitschaft, sich »freiwillig zu stellen« (S. 27), wie er im Gnadengesuch an seinen Landesherrn schreibt. Auf dem Weg, sich in die Dienste des Fürsten zu stellen und »als ein braver Soldat« (S. 28) im Siebenjährigen Krieg zu kämpfen, wird er schließlich entdeckt und zum Tod verurteilt.

Unterrichtsverlauf

Überblick. Die Schülerinnen und Schüler testen ihr Wissen zur Dramenhandlung und lernen mit Schillers Erzählung *Der Verbrecher aus verlorener Ehre*, deren Entstehung auf einen historischen Kriminalfall zurückgeht, eine Werk-Parallele zum *Räuber*-Drama kennen. Durch den Vergleich der Protagonisten Karl bzw. Franz Moor mit dem »Sonnenwirt« vertiefen sie ihre Fähigkeiten zur Charakterisierung in neuem Zusammenhang. Dabei lernen sie, komplexe Referenzformen zwischen Texten unterschiedlicher Gattung zu erkennen und die *Räuber* innerhalb eines kulturellen Mindsets zu situieren. ! **Verkürzter Verlauf: 10.1 –10.2 –10.3**

Phase	Thema	Sozialform	Kompetenzen und Lernziele	Materialien
Voraussetzung: Textkenntnis des gesamten Dramas				
10.1	Textquiz: Wie gut kennen Sie die *Räuber*?	PA / UG	• Aussagen zum Drama auf ihre Richtigkeit überprüfen • Die eigene Textkenntnis angemessen einschätzen	ARBEITSBLATT 10a ➤ S. 92
10.2	»Räuberkarrieren«: Die Geschichte des »Sonnenwirts« als historisches Vorbild	EA / LV	• Sich mithilfe eines Sachtexts über eine historische Quelle informieren	VORLAGE 10a ➤ S. 89
10.3	Schillers Erzählung *Der Verbrecher aus verlorener Ehre* (1786/1792)	EA	• Ein stoffliches Pendant kennenlernen • Zeitlich benachbarte Werke eines Autors in die Kontextualisierung eines Dramas einbeziehen	ARBEITSBLATT 10b ➤ S. 93f.
10.4 **fakultativ**	Vertiefung: Karl & Co. – Schillers ›Verbrecherpathografien‹ im Vergleich	GA / UG	• Die Protagonisten verschiedener Texte charakterisieren und miteinander vergleichen • Synchrone Zusammenhänge zwischen literarischen Texten unterschiedlicher Gattung ermitteln	ARBEITSBLATT 10b ➤ S. 93f. VORLAGE 10b ➤ S. 90 TAFELBILD 10 ➤ S. 90

10.1 Textquiz: Wie gut kennen Sie die *Räuber*?

PA / UG

ARBEITSBLATT 10a
➤ S. 92
Lösungshinweise
➤ S. 106

Unterrichtsschritt. Als Einstieg in die Unterrichtseinheit bietet das ARBEITSBLATT 10a ***Textquiz: Wie gut kennen Sie die »Räuber«?*** der Lerngruppe die Möglichkeit, ihre Kenntnis der Dramenhandlung spielerisch zu testen. Die Fragen lassen sich in der Regel nicht ergoogeln, sondern setzen eine solide Textkenntnis voraus. Die Ergebnisse können im Unterrichtsgespräch geklärt und korrigiert werden. Dabei sollen »falsche« Antworten nicht dazu führen, dass sich einzelne Schülerinnen oder Schüler bloßgestellt sehen, sondern vielmehr den Anreiz vermitteln, das eigene Textverständnis realistisch einzuschätzen und die betreffenden Szenen oder gar das ganze Drama nochmal zu lesen.

10.2 »Räuberkarrieren«: Die Geschichte des »Sonnenwirts« als historisches Vorbild

Unterrichtsschritt mit Erläuterungen. Die Schülerinnen und Schüler lesen den auf der VORLAGE 10a ***»Der Sonnenwirt« – eine historische Fallstudie*** abgedruckten Sachtext eigenständig. Damit informieren sie sich über einen Kriminalfall, der sich während Schillers früher Kindheit in Schwaben zugetragen hatte und von dem ihm auf der Karlsschule berichtet worden war. Unterstützt durch einen kurzen Lehrervortrag versteht die Lerngruppe, dass der historische Fall des Sonnenwirts eine weitere Interpretationsfolie darstellt, vor der man das Drama betrachten kann. Außerdem erfährt sie von Schillers Erzählung *Verbrecher aus Infamie* (1786), in der er das Räuber-Thema wenige Jahre nach dem Drama erneut aufnahm. Idealerweise wird mit diesen Anstößen das Interesse für ein weiteres, bekanntes Werk (anderer Textgattung) von Schiller geweckt.

EA / LV

VORLAGE 10a ➤ S. 89

VORLAGE 10a

»Der Sonnenwirt« – eine historische Fallstudie

Vermittelt von Schillers Lehrer Jakob F. Abel

»Auf eine weitere Quelle zu den *Räubern* hat FRIEDRICH ABEL (1751–1829), Schillers Philosophieprofessor auf der Karlsschule, hingewiesen, der nach dem Tod des Dichters seine Erinnerungen an ihn aufschrieb: ›Die Idee zu diesem Werk gab ihm teils der Räuberhauptmann Roque im *Don Quixote*, teils die Geschichte des sogenannten Sonnenwirts oder Friedrich Schwans, von dem damals durch ganz Württemberg viel gesprochen wurde und über die er auch mich öfters fragte (mein Vater war der Beamte, unter dem Schwan eingefangen und hingerichtet wurde) und die er auch, jedoch mit einigen Abänderungen, in einem eigenen Aufsatz bearbeitet hat‹ […].

Der Sonnenwirt Friedrich Schwan wurde 1761 hingerichtet. Er hatte anfangs kleinere Vergehen begangen, die so streng bestraft wurden, dass er ein Rachebedürfnis gegenüber den Behörden entwickelte und Anführer einer Räuberbande wurde, die Schwaben unsicher machte. Schiller gestaltete sein Schicksal in der Erzählung […] *Verbrecher aus Infamie*, die er 1786 in der *Rheinischen Thalia* und 1792 noch einmal leicht verändert unter dem Titel *Der Verbrecher aus verlorener Ehre* in den Kleineren prosaischen Schriften veröffentlichte. […]

Übrigens hat auch Abel selbst 1787 die Geschichte des Sonnenwirts in seiner *Sammlung und Erklärung merkwürdiger Erscheinungen aus dem menschlichen Leben* bearbeitet.«

Christian Grawe: Erläuterungen und Dokumente. Friedrich Schiller: Die Räuber. Stuttgart: Reclam, 2009 [u.ö.]. S. 142. [Abkürzungen aufgelöst.]

10.3 Schillers Erzählung *Der Verbrecher aus verlorener Ehre* (1786/1792)

Unterrichtsschritt mit Erläuterungen. Die Schülerinnen und Schüler lesen den auf dem ARBEITSBLATT 10b ***»Der Verbrecher aus verlorener Ehre« (Auszug)*** abgedruckten Textauszug und beantworten die Arbeitsaufträge. Damit vertiefen sie ihre Erkenntnisse und erarbeiten sich einen weiteren Bezugsrahmen von Schillers *Räuber*-Drama. Sie ermitteln erste Parallelen zwischen der Erzählung und der Dramenhandlung und begreifen, dass Schiller einen realen Kriminalfall auf unterschiedliche Weise poetisch verarbeitete.

EA

ARBEITSBLATT 10b ➤ S. 93 f.

10.4 Vertiefung: Karl & Co. – Schillers ›Verbrecherpathografien‹ im Vergleich (fakultativ)

Unterrichtsschritt. Die Schülerinnen und Schüler vergleichen die Verbrecherkarriere Christian Wolfs mit den Protagonisten Franz und Karl Moor in Schillers Dramenerstling. Aufbauend auf ihrer Lektüre der Kriminalerzählung ermitteln sie in Kleingruppen die Ähnlichkeiten in der Charakterzeichnung von Wolf und Franz Moor und erkennen hinsichtlich der Räuberhandlung (Karl Moor) zentrale Übereinstimmungen beider Werke (VORLAGE 10b ***Christian Wolf, Franz Moor, Karl Moor: Ein Vergleich***). Die Ergebnisse ihrer Überlegungen können im abschließenden Unterrichtsgespräch besprochen und im TAFELBILD 10 festgehalten werden.

GA / UG

ARBEITSBLATT 10b ➤ S. 93 f.

VORLAGE 10b ➤ S. 90

TAFELBILD 10 ➤ S. 90

VORLAGE 10b

Christian Wolf, Franz Moor, Karl Moor: Ein Vergleich

Arbeitsaufträge:

1. Sie haben nun Schillers Kriminalerzählung *Der Verbrecher aus verlorener Ehre* in Auszügen kennengelernt. Welche Aspekte der Erzählung erinnern sie an das *Räuber*-Drama? Markieren bzw. unterstreichen Sie die entsprechenden Textstellen auf dem ARBEITSBLATT 10b.
2. Mit welchen Szenen, Charakteren oder sonstigen Handlungselementen aus den *Räubern* bringen Sie die betreffenden Passagen in Verbindung? Notieren Sie Ihre Ideen.
3. Vergleichen Sie die Protagonisten der beiden Texte miteinander (Christian Wolf, Karl und Franz Moor). Wo sehen sie die auffälligsten gestalterischen Übereinstimmungen?

*4. In seiner Vorrede zur Erzählung bemerkt Schiller, das menschliche Herz sei »etwas so Einförmiges und doch wieder so Zusammengesetztes«:

> »Eine und eben dieselbe Fertigkeit oder Begierde kann in tausenderlei Formen und Richtungen spielen, kann tausend widersprechende Phänomene bewirken, kann in tausend Charakteren anders gemischt erscheinen«.

Versuchen Sie, die Äußerung auf sein Drama und die Kriminalerzählung zu beziehen: Inwiefern sind die drei Protagonisten – Karl, Franz und Christian Wolf – ›gemischte Charaktere‹? Wägen Sie ab, welche Anlagen zum ›Guten‹ bzw. ›Bösen‹ die Dramenfiguren jeweils in sich tragen.

TAFELBILD 10

Franz Moor – Christian Wolf – Karl Moor

Brüder/Polarität
böse ➤ gut (mit Schattierungen)

Franz Moor | Christian Wolf | Karl Moor

Gemeinsamkeiten: (Franz Moor – Christian Wolf)
- Äußeres: von der Natur »verabsäumt«, »eine plattgedrückte Nase, vgl. »Lappländersnase« (über Franz, I,1)
- Soziale Benachteiligung

Gemeinsamkeiten: (Christian Wolf – Karl Moor)
- schließen sich beide einer Bande von Räubern an und werden zu deren Anführer
- gewinnen durch ihre z. T. nachvollziehbaren, aber unglücklichen Entscheidungen an Tragik
- erwarten die volle Härte des Gesetzes, obwohl in gewissem Maße ein Fremdverschulden (der Gesellschaft/des Widersachers) erkannt werden kann
- gewinnen am Ende ihr Selbstbewusstsein und die Einsicht in die Eigenverantwortung zurück

»MITTLERE HELDEN«

Erläuterungen zum Unterrichtsgespräch. Detaillierte Hinweise zu den inhaltlichen Übereinstimmungen zwischen der Kriminalerzählung und dem Drama gibt die Sachanalyse. Dabei sind einerseits vor allem die Ähnlichkeiten in der optischen Charakterzeichnung von Franz Moor und dem »Sonnenwirt« sowie andererseits das zentrale Thema, nämlich der Anschluss von Karl Moor und Christian Wolf an eine Räuberbande, zu berücksichtigen. Rein psychologisch betrachtet, wird der Entschluss der beiden zum Räubertum in ähnlicher Weise von ihrem Rachebedürfnis an der Menschheit motiviert, wohingegen sich ihre sozialen und ökonomischen Ausgangspositionen deutlich voneinander unterscheiden. Weitere gestalterische Übereinstimmungen können in der Darstellung, Topografie und anfänglich positiven Bewertung der jeweiligen Räubergemeinschaft erkannt werden. Auch stellen sich beide Protagonisten (Karl Moor und Christian Wolf) am Ende ihrer Verantwortung, wobei Karl eine idealistischere Grundhaltung zugemessen werden muss. Die abschließende Frage zielt auf die Einordnung der Charaktere als »mittlere Helden«. Schiller folgte diesem bereits von Aristoteles umrissenen Gestaltungsanspruch für die Charakterzeichnung seiner Protagonisten weitgehend. Zwar lässt sich mit Blick auf die *Räuber* noch ein recht schematisch ausgearbeiteter Gegensatz zwischen dem grundsätzlich gutmütigen, aber »feurigen« Karl und seinem bösartigen Bruder Franz feststellen. Allerdings trägt Karl von Beginn seines Räuberdaseins bereits die Züge jenes mittleren Helden, dessen Verhalten von der reinen Unschuld zwar ebenso weit entfernt ist wie von gemeiner Schurkenhaftigkeit, der sich jedoch durch einen vermeidbaren Fehler (in diesem Fall der Anschluss an die Räuberbande) ins Unglück stürzt und deshalb an Tragik gewinnt.

ARBEITSBLATT 10a

Textquiz: Wie gut kennen Sie *Die Räuber*?

Sie haben das Drama aufmerksam und in Gänze gelesen. Überprüfen Sie die folgenden Aussagen auf ihre Richtigkeit und kreuzen Sie die entsprechende Antwort an. Geben Sie jeweils eine Textstelle als Beleg für Ihre Entscheidung an. (Tragen Sie diese in die vorgesetzten Lücken am Ende der Antworten ein.) **Hinweis:** Es ist auch möglich, dass mehrere Antworten gleichermaßen zutreffen.

1. Den ersten Monolog im Drama spricht Karl Moor.	ja / nein	___ Akt; ___ Szene
2. Spiegelberg schlägt Karl vor, • nach Palästina zu gehen und »das Königreich wieder aufs Tapet« zu bringen • nach Paris und London zu gehen und von ihm zu lernen, wie man Handschriften fälscht und Schlösser aufbricht	ja / nein ja / nein	___ Akt; ___ Szene
3. Amalia liest dem Grafen eine Bibelstelle vor. Es handelt sich um • das Gleichnis vom verlorenen Sohn • die Geschichte von Jakob und Joseph	ja / nein ja / nein	___ Akt; ___ Szene
4. Karl hat seinem Vater einen Brief geschrieben.	ja / nein	___ Akt; ___ Szene
5. Franz Moor sinnt darauf, des Alten … • »Körper vom Geist aus zu verderben« • »Geist vom Körper aus zu verderben«	ja / nein ja / nein	___ Akt; ___ Szene
6. Der Diener Daniel wird von Franz dazu gebracht, Karls Tod vor dem Alten Graf Moor zu bezeugen.	ja / nein	___ Akt; ___ Szene
7. Als sie von Franz bedrängt wird, antwortet Amalia auf seine Drohungen, sie zöge … • ihm das Kloster vor • es vor, eher seine Mätresse als seine Ehefrau zu werden	ja / nein ja / nein	___ Akt; ___ Szene
8. Karl und sein »Räubertrupp« haben ein Kloster geplündert und die Nonnen vergewaltigt.	ja / nein	___ Akt; ___ Szene
9. Nach dem Gefecht mit der Obrigkeit bedauert Karl den Tod seines Kameraden Schweizer.	ja / nein	___ Akt; ___ Szene
* Zusatzfrage: Welche Dramenfiguren sterben im Verlauf der Handlung? Es sind mindestens sechs: …………………………………………………………………………		
10. Die Räuber lassen Karl nicht mit Amalia glücklich werden, weil er ihnen einen Eid geschworen hat.	ja / nein	___ Akt; ___ Szene

Der Verbrecher aus verlorener Ehre (Auszug)

»Christian Wolf war der Sohn eines Gastwirts in einer …schen Landstadt […] und half seiner Mutter, denn der Vater war tot, bis in sein zwanzigstes Jahr die Wirtschaft besorgen. Die Wirtschaft war schlecht, und Wolf hatte müßige Stunden. Schon von der Schule her war er für einen losen Buben bekannt. Erwachsene Mädchen führten Klagen über seine Frechheit, und die Jungen des Städtchens huldigten seinem erfinderischen Kopfe. Die Natur hatte seinen Körper verabsäumt. Eine kleine unscheinbare Figur, krauses Haar von einer unangenehmen Schwärze, eine plattgedrückte Nase und eine geschwollene Oberlippe, welche noch überdies durch den Schlag eines Pferdes aus ihrer Richtung gewichen war, gab seinem Anblick eine Widrigkeit, welche alle Weiber von ihm zurückscheuchte und dem Witz seiner Kameraden eine reichliche Nahrung darbot.

Er wollte ertrotzen, was ihm verweigert war; weil er missfiel, setzte er sich vor, zu gefallen. Er war sinnlich und beredete sich, dass er liebe. Das Mädchen, das er wählte, misshandelte ihn; er hatte Ursache, zu fürchten, dass seine Nebenbuhler glücklicher wären; doch das Mädchen war arm. Ein Herz, das seinen Beteurungen verschlossen blieb, öffnete sich vielleicht seinen Geschenken, aber ihn selbst drückte Mangel, und der eitle Versuch, seine Außenseite geltend zu machen, verschlang noch das Wenige, was er durch eine schlechte Wirtschaft erwarb. Zu bequem und zu unwissend, seinem zerrütteten Hauswesen durch Spekulation aufzuhelfen, zu stolz, auch zu weichlich, den Herrn, der er bisher gewesen war, mit dem Bauer zu vertauschen und seiner angebeteten Freiheit zu entsagen, sah er nur einen Ausweg vor sich – den Tausende vor ihm und nach ihm mit besserem Glücke ergriffen haben – den Ausweg, honett zu stehlen. Seine Vaterstadt grenzte an eine landesherrliche Waldung, er wurde Wilddieb, und der Ertrag seines Raubes wanderte treulich in die Hände seiner Geliebten.

Unter den Liebhabern Hannchens war Robert, ein Jägerpursche des Försters. Frühzeitig merkte dieser den Vorteil, den die Freigebigkeit seines Nebenbuhlers über ihn gewonnen hatte, und mit Scheelsucht forschte er nach den Quellen dieser Veränderung. Er zeigte sich fleißiger in der ›Sonne‹ – dies war das Schild zu dem Wirtshaus – sein laurendes Auge, von Eifersucht und Neide geschärft, entdeckte ihm bald, woher dieses Geld floss. Nicht lange vorher war ein strenges Edikt gegen die Wildschützen erneuert worden, welches den Übertreter zum Zuchthaus verdammte. Robert war unermüdet, die geheimen Gänge seines Feindes zu beschleichen; endlich gelang es ihm auch, den Unbesonnenen über der Tat zu ergreifen. Wolf wurde eingezogen, und nur mit Aufopferung seines ganzen kleinen Vermögens brachte er es mühsam dahin, die zuerkannte Strafe durch eine Geldbuße abzuwenden.

Robert triumphierte. Sein Nebenbuhler war aus dem Felde geschlagen und Hannchens Gunst für den Bettler verloren. Wolf kannte seinen Feind, und dieser Feind war der glückliche Besitzer seiner Johanne. Drückendes Gefühl des Mangels gesellte sich zu beleidigtem Stolze, Not und Eifersucht stürmen vereinigt auf seine Empfindlichkeit ein, der Hunger treibt ihn hinaus in die weite Welt, Rache und Leidenschaft halten ihn fest. Er wird zum zweiten Mal Wilddieb; aber Roberts verdoppelte Wachsamkeit überlistet ihn zum zweiten Mal wieder. Jetzt erfährt er die ganze Schärfe des Gesetzes: denn er hat nichts mehr zu geben, und in wenigen Wochen wird er in das Zuchthaus der Residenz abgeliefert.

Das Strafjahr war überstanden, seine Leidenschaft durch die Entfernung gewachsen und sein Trotz unter dem Gewicht des Unglücks gestiegen. Kaum erlangt er die Freiheit, so eilt er nach seinem Geburtsort, sich seiner Johanne zu zeigen. Er erscheint: man flieht ihn. Die dringende Not hat endlich seinen Hochmut gebeugt und seine Weichlichkeit überwunden – er bietet sich den Reichen des Orts an und will für den Taglohn dienen. Der Bauer zuckt über den schwachen Zärtling die Achsel; der derbe Knochenbau seines handfesten Mitbewerbers sticht ihn bei diesem fühllosen Gönner aus. Er wagt einen letzten Versuch. Ein Amt ist noch ledig, der äußerste verlorne Posten des ehrlichen Namens – er meldet sich zum Hirten des Städtchens, aber der Bauer will seine Schweine keinem Taugenichts anvertrauen. In allen Entwürfen getäuscht, an allen Orten zurückgewiesen, wird er zum dritten Mal Wilddieb, und zum dritten Mal trifft ihn das Unglück, seinem wachsamen Feind in die Hände zu fallen.

Der doppelte Rückfall hatte seine Verschuldung erschwert. Die Richter sahen in das Buch der Gesetze, aber nicht einer in die Gemütsverfassung des Beklagten. Das Mandat gegen die Wilddiebe bedurfte einer solennen und exemplarischen Genugtuung, und Wolf ward verurteilt, das Zeichen des Galgens auf den Rücken gebrannt, drei Jahre auf der Festung zu arbeiten.

Auch diese Periode verlief, und er ging von der Festung – aber ganz anders, als er dahin gekommen war. Hier fängt eine neue Epoche in seinem Leben an; man höre ihn selbst, wie er nachher gegen seinen geistlichen Beistand und vor Gerichte bekannt hat. ›Ich betrat die Festung‹, sagte er, ›als ein Verirrter und verließ sie als ein Lotterbube. Ich hatte noch etwas in der Welt gehabt, das mir teuer war, und mein Stolz krümmte sich unter der Schande. […] Von jetzt an lechzte ich nach dem Tag meiner Freiheit, wie ich nach Rache lechzte. Alle Menschen hatten mich beleidigt, denn alle waren besser und glücklicher als ich. Ich betrachtete mich als den Märtyrer des natürlichen Rechts und als ein Schlachtopfer der Gesetze. […] Damals gelobte ich unversöhnlichen, glühenden Hass allem, was dem Menschen gleicht, und was ich gelobte, hab ich redlich gehalten. […]

Mein Erstes war, dass ich mein Wildschießen fortsetzte. Die Jagd überhaupt war mir nach und nach zur Leidenschaft geworden, und außerdem musste ich ja leben. Aber dies war es nicht allein; es kitzelte mich, das fürstliche Edikt zu verhöhnen und meinem Landesherrn nach allen Kräften zu schaden. Ergriffen zu werden, besorgte ich nicht mehr, denn jetzt hatte ich eine Kugel für meinen Entdecker bereit, und das wusste ich, dass mein Schuss seinen Mann nicht fehlte. […]

[Christian Wolf berichtet weiter: Als er eines Tages auf ein Reh zielt, entdeckt er wenig vor sich den ehemaligen Nebenbuhler Robert und erschießt ihn, obwohl er lange zögert und mit sich in Widerstreit ist. Zwar bereut er die Tat, sieht sich jedoch zur Flucht gezwungen. Auf dem Weg begegnet er einem Räuberanführer und folgt ihm in das Lager der Räuber.]

‚Sonnenwirt!', schrie alles zugleich, und alles fuhr auf und drängte sich um mich her, Männer und Weiber. Soll ich's gestehn? Die Freude war ungeheuchelt und herzlich, Vertrauen, Achtung sogar erschien auf jedem Gesichte, dieser drückte mir die Hand, jener schüttelte mich vertraulich am Kleide, der ganze Auftritt war wie das Wiedersehen eines alten Bekannten, der einem wert ist. Meine Ankunft hatte den Schmaus unterbrochen, der eben anfangen sollte. Man setzte ihn sogleich fort und nötigte mich, den Willkomm zu trinken. […] Wohlleben und Einigkeit schien die ganze Bande zu beseelen, und alles wetteiferte, seine Freude über mich zügelloser an den Tag zu legen. […] Die Welt hatte mich ausgeworfen wie einen Verpesteten – hier fand ich brüderliche Aufnahme, Wohlleben und Ehre. […]‹

Der Ruf dieses Menschen verbreitete sich in kurzem durch die ganze Provinz. Die Landstraßen wurden unsicher, nächtliche Einbrüche beunruhigten den Bürger, der Name des Sonnenwirts wurde der Schrecken des Landvolks, die Gerechtigkeit suchte ihn auf, und eine Prämie wurde auf seinen Kopf gesetzt.«

Friedrich Schiller: Der Verbrecher aus verlorener Ehre und andere Erzählungen. Nachw. von Bernhard Zeller. Stuttgart: Reclam, 2016 [u.ö.]. S. 8–25.

Worterläuterungen:

5 verabsäumt: nicht beachtet (im Sinne von: benachteiligt) | **10 setzte er sich vor:** nahm er sich vor | **19 honett:** anständig | **22 f. Scheelsucht:** Neid, Missgunst | **28 eingezogen:** verhaftet | **49 solennen:** feierlichen, förmlichen.

Arbeitsaufträge:

1. Benennen Sie die Schritte, die Christian Wolf zur Räuberbande führen. Wie verändert sich jeweils sein Verhältnis zur städtischen Gesellschaft?
2. Skizzieren Sie in einem Satz den Unterschied im Verhalten der Räuberbande im Vergleich zur Stadtgesellschaft.

11 Klausurvorschläge mit Erwartungshorizonten

11.1 Das ›Räuberlied‹ analysieren und hinsichtlich seines Freiheitsideals beurteilen

Klausuraufgabe

1. Geben Sie den Inhalt des ›Räuberlieds‹ kurz wieder (Vierter Akt, Fünfte Szene; Reclam XL, 112,25–113,31).
2. Analysieren Sie das von den Räubern gesungene Lied im Hinblick auf seine sprachlichen Mittel.
3. Ordnen Sie das ›Räuberlied‹ in den Handlungszusammenhang ein und interpretieren Sie es unter besonderer Berücksichtigung seines Freiheitsideals. Beziehen Sie in Ihre Argumentation auch kritische Überlegungen dazu mit ein, wie sich der in der Szene abwesende Protagonist (Karl Moor) zum Selbstverständnis der Räuber positionieren könnte.

Erwartungshorizont

Operatoren:

- ***Wiedergeben / zusammenfassen:*** Inhalte oder Aussagen komprimiert wiedergeben
- ***Sprachliche Mittel analysieren:*** einen Text als Ganzes oder aspektorientiert unter Wahrung des funktionalen Zusammenhangs von Inhalt, Form und Sprache erschließen und das Ergebnis der Erschließung darlegen
- ***Einordnen:*** eine Aussage, einen Text, einen Sachverhalt unter Verwendung von Kontextwissen begründet in einen vorgegebenen Zusammenhang stellen
- ***Interpretieren:*** auf der Grundlage einer Analyse im Ganzen oder aspektorientiert Sinnzusammenhänge erschließen und unter Einbeziehung der Wechselwirkung zwischen Inhalt, Form und Sprache zu einer schlüssigen (Gesamt-)Deutung gelangen

Inhaltliche Erschließungsaspekte:

Aufgabe 1	
Aufgabenbezogene Einleitung, an die sich eine knappe Inhaltsangabe anschließt	Das von den Räubern zu Beginn der Fünften Szene im Vierten Akt angestimmte Lied bringt die Lebensdevise der Bande zum Ausdruck, die einem entgrenzten Freiheitsverständnis folgt. Es handelt von der Fokussierung der Kameraden auf die Gegenwart, da sie den Galgen erwarten, das Ausschöpfen der Natur und der Möglichkeiten, die ihnen die Aneignung von fremdem Besitz bieten. Im Verlauf des Liedes steigern sich die Ansprüche und Ziele der Räuber, die zur Mitte hin ankündigen, sich mit dem Teufel zu verbünden. Die Konsequenzen ihres Handelns für andere, die Klagen oder Todesängste derer, die unter ihrer Gewalt stehen, schrecken sie nicht, sondern reizen ihre Sinne. Ihr eigenes Schicksal betreffend, sehen sie der Vorstellung einer diesseitigen und jenseitigen Gerichtsbarkeit angeblich gleichmütig entgegen.

Aufgabe 2	
Analyse der formalen Merkmale und Stilmittel	Das Lied gliedert sich in sieben Strophen je unterschiedlicher Länge, wobei vier (1., 3., 5., 6. Strophe) davon je vier Verse und die restlichen zwischen fünf (4. Strophe) und sieben (2. und 7. Strophe) Verszeilen umfassen. Daran lässt sich eine relativ freie Form der Versbindung erkennen, die als repräsentativ für den Sprachgebrauch des Sturm und Drang gelten kann, aber auch mit dem Inhalt des ›Räuberlieds‹, ihrem »losen« bzw. ungezwungenen Lebenswandel, korrespondiert. Der Rededuktus ist allgemein von einem paratak-

	tischen Satzbau geprägt, der mit seiner Aneinanderreihung von Verben (z. B. zu Beginn) und einfachen Hauptsätzen (»Ein freies Leben führen wir«; »Der Wald ist unser Nachtquartier«; »Der Mond ist unsre Sonne« etc.) die einförmige Dynamik bestimmt. Zu den trivial wirkenden Sätzen, die sich meist auf die gemeinen oder kriminellen Aktionen der Räuber beziehen (»Stehlen, morden, huren, balgen«; »Heut laden wir bei Pfaffen uns ein« etc.), treten einfache Paarformen wie der Kreuzreim in den vierzeiligen Strophen, der sich in den anderen Strophen direkt mit dem Paarreim oder gelegentlich in Kombination mit einem umarmenden Reim verbindet (4. Strophe). Häufig verwendete rhetorische Stilmittel sind die Emphase, so u. a. die Überbetonung des »Leben[s] voller Wonne« (113,2) sowie eine Metaphorik, die sich auf topische Elemente der Natur bezieht (der Wald als »Nachtquartier«). Durch ihre Umdeutung ins Gegenteil, wie z. B. am Ende der zweiten Strophe (113,5: »Der Mond ist unsre Sonne«), kommt hier bereits das negative Wertesystem der Räuber zum Ausdruck. Unterstützt wird der eigentümliche Sprachgebrauch auch durch einen euphemistisch geprägten Wortschatz, in dem sich z. B. der Bund mit dem Teufel (»mit dem Schwarzen Brüderschaft«) positiv verklausulieren lässt. In der fünften und sechsten Strophe häufen sich lautliche Besonderheiten, wenn das »Wehgeheul geschlagner Väter«, das »Klaggezeter« der Mütter und »Winseln der verlassnen Braut« onomatopoetisch zusammenstimmen. Zu einer synkopenartigen Unterbrechung und Verlängerung des Liedrhythmus kommt es am Ende, just als es um das Todesurteil der Räuber und ihrem unbedarften, sarkastischen Umgang damit geht. [Ein Erkennen der Überlänge der vorletzten und letzten Verszeile und die Beziehung dieser formalen Auffälligkeit auf den Inhalt, der dazu in Widerspruch steht, sollte als besondere Leistung gewürdigt werden. Auch können selbstverständlich andere erkannte Stilmittel als die oben genannten (wie z. B. Exclamatio, Personifikation etc.) berücksichtigt werden. Für eine ausreichende Leistung sollten zentrale Elemente der formalen Strophen- und Reimgestaltung ermittelt sowie etwa drei der Stilmittel erkannt worden sein.]
Fazit/Zusammenfassung	Ggf. Zusammenfassung der zentralen Inhalte bzw. einen Rückbezug zum Inhalt herstellen.

Aufgabe 3	
Einordnung des Räuberlieds in den Handlungszusammenhang und Darstellung der Funktion, die ihm, bezogen auf den Gesamttext, zukommt	Das ›Räuberlied‹ steht zum Ende des Vierten Akts genau nach dem Wiedersehen Karl Moors und seiner Amalia, also an dem Zeitpunkt, als er sich gefühlsmäßig am weitesten vom Gruppenverband der Räuber entfernt hat. Nach ihm steht im unmittelbaren Handlungszusammenhang die versuchte Aufwiegelung der Räuber durch Spiegelberg, der schließlich ermordet wird und dessen Tod noch einmal die Selbstjustiz und radikale In- und Exklusionslogik der Räuber unterstreicht. Das Lied repräsentiert sowohl vom Setting (des Nachts im Wald), der Platzierung im dramatischen Kontext als auch inhaltlich das (problematische) Selbstverständnis der Räuber.
Entwicklung von Interpretationsaspekten mit dem Schwerpunkt des polarisierenden Freiheitsideals	Diese fühlen sich offenkundig keinem anderen Wertmaßstab mehr als einer fehlgeleiteten Vorstellung von »Freiheit« verbunden. Der Begriff, den sie sich davon machen, wirkt verzerrt, weil er sich auf ein egoistisches und ausbeuterisches Verhalten stützt. Ausgangspunkt des Liedes ist die vor allem kriminelle und unmoralische Lebensweise (112,30 f.), deren Sinnlosigkeit (»Heißt bei uns nur die Zeit zerstreun«) durchaus eingestanden wird. Dass die Räuber an ihrem gewaltsamen Treiben festhalten, wird auf den Fehlschluss gestützt, sich wegen des ohnehin drohenden Todesurteils (»Morgen hangen wir am Galgen«) an keinerlei gesellschaftliche oder moralische Grenzen mehr halten zu müssen. Dabei hat die Aneinanderreihung von Verbrechen die Räuber überhaupt erst in die Lage gebracht, sich ständig auf der Flucht zu befinden und sich in der konkreten Situation im Wald zu verstecken. Eine Umkehr in die Gesellschaft wird jedoch nicht erwogen,

	vielmehr betont ihr Lied die nihilistische Einstellung, die aus der ständigen Verletzung fremder Freiheit resultiert. Dass sich das Lied zur Mitte hin zunächst noch auf komische Weise steigert, indem es zunächst die positiven, immer aber ambivalenten Aspekte des Räuberdaseins hervorkehrt, kann durch folgende Aspekte gezeigt werden: • »lustig sein«: das Zelebrieren der »Lebensfreude« (bei gleichzeitiger Relativierung der Gewalttaten); • empfundene Freiheit im Schutz der Natur (bei Nacht) und des Gottes der Jagd (Romantisierung der Lebensform); • sich bei Pfaffen und Pächtern »einladen«, d. h. Mahlzeiten plündern, die Häuser ausrauben (zunächst also nur die Reichen der Ständegesellschaft, was noch einen rebellischen, revolutionären Anspruch umreißen könnte). Die vierte Strophe zeigt mit der Ankündigung des Bündnisses mit dem Teufel jedoch den Höhepunkt des egoistischen Freiheitsverständnisses an; von hier an verkehrt sich die steigende Bewegung des Liedes zur Antiklimax. Fortan zeichnet sich am Inhalt die Brutalität des Räubertums ab, wobei das lautmalerisch hervorgestrichene »Gezeter« der Frauen und Männer zugleich als das erwachende Gewissen der Räuber gedeutet werden kann. Dieses lässt sie die Konsequenzen ihrer Taten erfahren und führt ihnen die moralische Verwerflichkeit trotz ihres Abstreitens »vor Augen und Ohren« (113,23 f.). Die letzte Strophe schließt mit der Ankündigung der Todesstunde – die durch die Kontrafaktur eines biblischen Zitats eingeleitet wird – sowohl justizielle als auch religiöse Vorstellungen der Gerichtsbarkeit mit ein. Dass die Räuber ihren »Lohn« und die drohende Hinrichtung angeblich gelassen erwarten, lässt sich angesichts des schon weiter oben angeführten Mangels an »Mut und Kraft« und seiner wiederholten Kompensation mit Alkohol (»Traubensaft«, 113,12 bzw. »Traubensohn«, 133,30) jedoch in Zweifel ziehen. (Ggf. lassen sich als Argument hier auch die gehäuften, wenngleich parodierten Bibelzitate anführen.) Das abwinkende, uneigentliche Sprechen deutet vielmehr auf das Gegenteil – die Angst vor der eigenen Verantwortung und der Rechtfertigung im Angesicht des Todes – hin, was auch durch den formalen Aufbruch des Rhythmus deutlich wird (vgl. Aufgabe 2).
Abschließende Beziehung des Freiheitsideals der Räuber auf Karls Selbstverständnis	Dass der Räuberhauptmann Karl Moor in der Szene abwesend ist, erscheint geradezu symptomatisch für sein Verhältnis zur Räuberbande, deren unmoralischen und entgrenzten Gewalttaten ihn bereits ab dem Zweiten Akt beschämen. Dabei rührte seine anfängliche Entscheidung, aus persönlicher Enttäuschung eine Räuberbande zu gründen, von dem Rachegefühl gegen die ganze Menschheit her. So hatte er das Morden der Räuber und seine Anführerschaft geradezu »heraufbeschworen«. Im Verlauf der Handlung jedoch lassen sich durch die wenigen, von ihm gesprochenen Monologe immer drängendere Nachdenklichkeit und Reuegefühle über die Gewalttaten seiner Bande erkennen. Mit dem ursprünglichen Freiheitsideal, »eine Republik« zu gründen, haben deren Aktionen zum Ende hin nicht mehr viel gemein. Aber auch Karl betrachtet sich als in seinen Zielen gescheitert, da er als Anführer eine Mitschuld an den Aktionen trägt. Außerdem beginnt er sich auch von der homologen, männlichen Gruppenlogik der Räuber zu emanzipieren, da er nach dem Treffen mit Amalia noch mit ihr glücklich zu werden hofft. Zusammen mit der Reue über den Umgang mit seinem Vater münden diese Aspekte schließlich in quälende Suizidgedanken. Im Ringen mit sich gewinnt Karl jedoch schließlich die Einsicht in die eigene Verantwortlichkeit zurück, wobei diese Läuterung noch in dieselbe Szene fällt, die vom ›Räuberlied‹ eingeleitet wird. Insofern kündigt sich bereits am Ende des Vierten Akts in szenisch zusammengedrängter Form die Distanzierung des Räuberhauptmanns von seiner Bande an. Damit treibt sie in formalsprachlicher als auch inhaltlicher Form die Spannung vor dem letzten Akt auf die Spitze, der auf eine tragische Lösung des Konflikts zusteuert.
Abschließendes Fazit / Schluss-Satz	Vor dem Hintergrund des problematischen Freiheitsideals der Räuber, dem Karl am Ende nicht mehr folgen will, könnte noch einmal in prägnanter Form auf das Grundthema des Dramas, den Konflikt zwischen Individuum und Gesellschaft, abgehoben werden.

11.2 Amalia anhand des Dialogs im Vierten Akt charakterisieren und ihr Figurenschicksal erörtern

Klausuraufgabe

1. Geben Sie den Inhalt der Vierten Szene im Vierten Akt (Reclam XL, 109,17–112,24) anhand einer Beschreibung der äußeren Situation der beiden Protagonisten wieder.
2. Charakterisieren Sie Amalia ausgehend von ihrem Monolog (109,18–110,2).
3. Vor der Uraufführung des Dramas im Januar 1782 korrespondierte Schiller intensiv mit dem Mannheimer Regisseur Wolfgang Heribert von Dalberg, um ihm seine dramaturgischen Vorstellungen zu erläutern. Im Brief vom 12. Dezember 1781 schrieb er über die »Ermordung Amaliens«, es sei »dieses derjenige Theil [s]eines Schauspiels« gewesen,

   »der mich am meisten Anstrengung und Ueberlegung gekostet hat, davon das Resultat kein anderes war, als dieses, daß Moor seine Amalie ermorden *muß*, und daß dieses eine *positive Schönheit* seines Karakters ist, die einerseits den feurigsten Liebhaber[,] andernseits den *Banditenführer* mit dem lebhafftesten Kolorit auszeichnet. [...]

   E. Exzellenz / ganz unterthäniger / Schiller«

   Christian Grawe: Erläuterungen und Dokumente. Friedrich Schiller: Die Räuber. Stuttgart: Reclam, 2009 [u. ö.]. S. 164–166. [Hervorhebungen im Original.]

   Nehmen Sie, Schillers Äußerungen berücksichtigend, kritisch Stellung zum Figurenschicksal Amalias.

Erwartungshorizont

Operatoren:
- ***Beschreiben:*** Sachverhalte, Situationen, Vorgänge, Merkmale von Personen bzw. Figuren sachlich darlegen
- ***Charakterisieren:*** die jeweilige Eigenart von Figuren/Sachverhalten herausarbeiten
- ***Stellung nehmen / sich auseinandersetzen mit:*** eine Aussage, eine Problemstellung argumentativ und urteilend abwägen

Inhaltliche Erschließungsaspekte:

Aufgabe 1	
Aufgabenbezogene Einleitung, an die sich eine knappe Inhaltsangabe anschließt	Die Szene handelt vom nochmaligen Wiedersehen zwischen Karl und Amalia im Vierten Akt, nachdem sie sich bereits auf dem Moorischen Schloss getroffen haben. Ihre Begegnung vertieft die Sympathie und führt am Ende zur Entdeckung von Karls Identität, als er in das ›Herkules-Lied‹ einstimmt, das sie früher oft gemeinsam sangen.
Beschreibung der äußeren Situation der Protagonisten	Im Handlungszusammenhang ist die Szene kurz nach Karls Rückkehr, seinem Antreffen in der Galerie und dem neuerlichen Impuls platziert, das Schloss sogleich wieder zu verlassen. Noch einmal aber möchte Karl Amalia sehen, um sich von ihr zu verabschieden. Diese weiß zu diesem Zeitpunkt noch nicht von seiner Identität, ist aber offensichtlich von der Erscheinung des Fremden gefesselt, da sie das vorangegangene Gespräch mit ihm laut Revue passieren lässt. Im Garten trifft Karl auf Amalia, die sich ertappt fühlt und »zusammenfährt«. Stammelnd versucht sie, sich von ihm zu distanzieren. Offenbar versteht sie die erneute Begegnung mit ihm als Betrug (»Meineid«) an ihrem Bräutigam, dessen Gemälde sie hervorzieht. Karl provoziert sie mit Fragen zu ihren Gefühlen und der »Vergötterung« des Geliebten. Amalia erzählt daraufhin von Karl, beschreibt ihn zunächst liebevoll und in Erinnerung schwelgend. Als Karl sie nach dem Verbleib ihres Geliebten –

	also ihm selbst – fragt, verdunkelt sich ihre Miene. In blumiger und metaphorischer Sprache deutet sie seine vermeintliche Abwesenheit als Reise auf »ungestümen Meeren«. Sie hoffe aber, ihn »im Paradiese der Liebe« wiederzusehen. Karl erzählt daraufhin von sich und gibt mit dem Namen »seiner« Geliebten – sie heiße »Amalia wie Sie, gnädiges Fräulein« – immer weitere Hinweise zu seiner wahren Identität. Er bedauert Amalia in der Geliebten, die eine unglückliche werden müsse, da er ihr »für jeden Kuss einen Mord aufzählen« könne. Amalia jedoch erkennt Karl darin nicht wieder, sondern grenzt sich von ihm ab. Sie hält dagegen an ihrem »Einzigen« fest, den sie zum »Nachstrahl der Gottheit« erhebt und von dem sie behauptet: »Seine Seele ist so fern von einem blutigen Gedanken, als fern der Mittag von der Mitternacht«. Daraufhin singt sie das ›Hektorlied‹ als Abschiedslied, in das Karl schließlich mit der Laute einstimmt. Da er den Text kennt, die Strophe aber sogleich wieder abbricht, eröffnet er Amalia seine Identität. Die plötzliche Selbstoffenbarung und der Kontrollverlust über seine Gefühle bewirken seine Flucht vor einer Aussprache mit Amalia.
Fazit	Zusammenfassung der zentralen Inhalte und ggf. der dramatischen Funktion der Szene: das Wiedererkennen (Anagnorisis) als retardierendes Moment der Handlung (dieser Transfer kann als besondere Leistung gewürdigt werden).

Aufgabe 2	
Charakterisierung Amalias	Bezug nehmen auf Amalias Monolog (IV,4); weitere Szenen, aus denen ein Charakterbild Amalias hervorgeht: I,3 (Franz – Amalia); II,2 (Amalia, der Alte Moor, Franz, Hermann); III,1 (Amalia – Franz); IV,2 (erstes Wiedersehen mit Karl, dem Fremden); IV,4 (s. o.); V,2 (Ermordung).
Entwicklung von Interpretationsaspekten ausgehend vom Monolog (109,18–110,2)	Amalias Monolog zu Beginn der Szene (IV,4) legt ihre Gefühle für den vermeintlich Fremden offen und inszeniert durch das Versteckspiel zugleich eine Prüfung, indem es ihre Treue zu Karl auf die Probe stellt. Das Ringen mit ihren eigenen Gefühlen zeigt, dass Amalia einem hohen (und zutiefst bürgerlichen) Liebesideal folgt, mit dem ihre Sympathie für den Fremden in Konflikt zu geraten scheint. Um ihre Tugend, aber auch das eigene Seelenheil zu retten, ist sie bereit, den »Fremdling« aus ihren Augen zu tilgen, obwohl sie umgekehrt keine Hoffnung mehr auf ein glückliches Leben mit Karl im Diesseits hat. Demnach kann ihre unbedingte Treue als ein zentrales Charaktermerkmal ausgemacht werden. Weitere Eigenschaften, die auch in Verbindung mit anderen Szenen (s. o.) herausgearbeitet werden können, sind: • ihre Geradlinigkeit (weder verliert sie den Glauben an Karl, noch lässt sie sich von Franz manipulieren oder bedrängen) • Schlagfertigkeit und Vernunft (in den Dialogen mit Franz) • Empfindsamkeit (s. die z. T. im Unterricht behandelten lyrischen Einschübe) • Häuslichkeit (Betreuung des Alten und Verbleib im Schloss) • Leidensfähigkeit, Duldung ihres Schicksals Zusammengefasst: Sie erscheint als zeitgenössische Projektionsfläche von Weiblichkeit und damit als das Gegenstück zu männlichen »Tugenden« wie Kraft, Handlungsfähigkeit etc. Als ein problematischer Charakterzug kann ebenfalls die in der Treue wurzelnde, bis zur Selbstauslöschung reichende Devotion gegenüber Karl betrachtet werden. (Eine als »ausreichend« bewertete Leistung setzt die Herausarbeitung von zwei Charakterzügen voraus, inklusive der geforderten Berücksichtigung von Amalias Monolog. Die Bewertung steigt mit der Anzahl der ermittelten und begründeten Eigenschaften. Für eine gute bis sehr gute Bewertung spielt v. a. die Belegdichte und Differenziertheit der Ausführungen eine Rolle, wozu auch eine zumindest angedeutete Kritik – wie oben ausgeführt – zählt.)

Aufgabe 3	
Stellungnahme zum Figurenschicksal Amalias unter kritischer Berücksichtigung von Schillers brieflicher Äußerung gegenüber Dalberg (Zitat)	Hier sollten in Anknüpfung an die 4. Unterrichtsstunde Argumente gesammelt werden, die eine kritische Bewertung von Amalias Ermordung am Ende des Dramas zulassen. In die eigene Beurteilung kann Schillers Aussage als Argument für eine insgesamt positive oder aber negative Bewertung Amalias mit einbezogen werden, je nachdem, • ob die Figur als wichtig erachtet wird, um die exklusive und homologe Gruppenlogik der Räuber herauszustreichen, oder aber • deren Schwäche als symptomatisch für die asymmetrische Geschlechterdarstellung im späten 18. Jahrhundert betrachtet wird.

Lösungshinweise zu den Arbeitsblättern

Lösungshinweise zu ARBEITSBLATT 1b (➤ S. 13)

Franz' Monolog (Teil 2)

FRANZ. […] Ich habe große Rechte, über die Natur ungehalten zu sein, und bei meiner Ehre! ich will sie geltend machen. – Warum bin ich nicht der Erste aus Mutterleib gekrochen? Warum nicht der Einzige? Warum musste sie mir diese Bürde von Hässlichkeit aufladen? Gerade mir? Nicht anders, als ob sie bei meiner Geburt einen Rest gesetzt hätte. Warum gerade mir die Lappländersnase? Gerade mir dieses Mohrenmaul? Diese Hottentottenaugen? Wirklich, ich glaube, sie hat von allen Menschensorten das Scheußliche auf einen Haufen geworfen und mich daraus gebacken. Mord und Tod! Wer hat ihr die Vollmacht gegeben, jenem dieses zu verleihen und mir vorzuenthalten? Könnte ihr jemand darum hofieren, eh er entstund? Oder sie beleidigen, eh er selbst wurde? Warum ging sie so parteilich zu Werke?

Nein! nein! Ich tu ihr Unrecht. Gab sie uns doch Erfindungsgeist mit, setzte uns nackt und armselig ans Ufer dieses großen Ozeans Welt – Schwimme, wer schwimmen kann, und wer zu plump ist, geh' unter! Sie gab mir nichts mit; wozu ich mich machen will, das ist nun meine Sache. Jeder hat gleiches Recht zum Größten und Kleinsten, Anspruch wird an Anspruch, Trieb an Trieb und Kraft an Kraft zernichtet. Das Recht wohnet beim Überwältiger, und die Schranken unserer Kraft sind unsere Gesetze. […]

Frisch also! mutig ans Werk! – Ich will alles um mich her ausrotten, was mich einschränkt, dass ich nicht Herr bin. Herr muss ich sein, dass ich das mit Gewalt ertrotze, wozu mir die Liebenswürdigkeit gebricht. *(Ab.)*

Die Räuber, Reclam XL, 19,3–21,22.

Anklage gegen die »Natur«:
- Gefühl der natürlichen Benachteiligung
- Verweis auf die nachrangige Position innerhalb der Familie (Verfehlen der Primogenitur)
- Andeutungen eines schlechten Aussehens, des von Natur bedingten Missverhältnisses zwischen Franz und anderen (wie seinem Bruder)
- sprachliche Betonung des Minderwertigkeitsgefühls durch Neologismen
- Kritik an der Subjektivität der Natur, der Zufälligkeit ihrer ›Vergabe‹ von Schönheit und Talenten

Berufung auf die »Natur«:
- Rückbesinnung auf universelle menschliche Anlagen wie Erkenntnisfähigkeit, Intelligenz
- Bekenntnis zum Recht des Stärkeren (Darwinismus)
- Plädoyer für einen entgrenzten Liberalismus
- Negation der Rechtsordnung und der gesellschaftlichen Normen, Befürwortung des Egoismus

Schlussfolgerung:
- Ankündigung der radikalen Auslöschung aller Gegner*innen
- chiastische Gegenüberstellung von Gewalt und Liebenswürdigkeit deutet auf die persönliche Abkehr von den gesellschaftlich-sittlichen Verhaltensmaximen hin und kündigt stattdessen die Orientierung an rohen Machtinteressen an

Der Botenbericht von der zerstörten Stadt – Analyse der sprachlichen Mittel

(Reclam XL, 68,23–69,37)

SCHWEIZER. Wir passten die Zeit ab, bis die Passagen leer waren.	Tempus: Imperfekt
Die ganze Stadt zog dem Spektakel nach, Reuter und Fußgänger durcheinander und Wagen, der Lärm und der Galgenpsalm johlten weit.	Satzbau: Parataxe
Itzt, sagt der Hauptmann, brennt an, brennt an! Die Kerl flogen wie Pfeile, steckten die Stadt an dreiunddreißig Ecken zumal in Brand, werfen feurige Lunten in die Nähe des Pulverturms, in Kirchen und Scheunen –	Tempus: Präsens
Mordbleu es war keine Viertelstunde vergangen, der Nordostwind, der auch seinen Zahn auf die Stadt haben muss, kam uns trefflich zustatten, und half die Flamme bis hinauf in die obersten Giebel jagen. Wir indes Gasse auf, Gasse nieder, wie Furien –	Anakoluth
Feuerjo! Feurjo! durch die ganze Stadt –	Exclamatio/Wdh.
Geheul, – Geschrei – Gepolter –	Alliteration/Klimax (im Nominalstil)
fangen an die Brandglocken zu brummen, knallt der Pulverturm in die Luft, als wär die Erde mitten entzweigeborsten, und der Himmel zerplatzt und die Hölle zehntausend Klafter tiefer versunken.	Hyperbel
[…]	
ROLLER. Es war Hülfe in der Not, ihr könnt's nicht schätzen. Ihr hättet sollen – den Strick um den Hals – mit lebendigem Leib zu Grabe marschieren wie ich,	Interjektion
und die sackermentalischen Anstalten und Schinderszeremonien,	Wortneuschöpfung/Euphemismus
und mit jedem Schritt, den der scheue Fuß vorwärts wankte, näher und fürchterlich näher die verfluchte Maschine, wo ich einlogiert werden sollte,	Galgen ➤ Metonymie
im Glanz der schröcklichen Morgensonne steigend, und die laurenden Schindersknechte und die grässliche Musik – noch raunt sie in meinen Ohren – und das Gekrächz hungriger Raben,	Lautmalerei
die an meinem halbfaulen Antezessor zu dreißigen hingen, und das alles, alles – und obendrein noch der Vorschmack der	Ironie/Zynismus

Seligkeit, die mir blühete! – Bruder, Bruder! Und auf einmal die Losung zur Freiheit – Es war ein Knall, als ob dem Himmelfass ein Reif gesprungen wäre – hört, Kanaillen! Ich sag euch, wenn man aus dem glühenden Ofen ins Eiswasser springt, kann man den Abfall nicht so stark fühlen als ich, da ich am andern Ufer war.	★ Ideal? Hyperbel

Muster für die Interpretation:

Der Auszug aus der Dritten Szene des Zweiten Akts steht im Handlungskontext unmittelbar nach der Unterhaltung Razmanns – einem Räuber aus Karl Moors Gefolge – mit Moritz Spiegelberg, der nach Moors Wahl zum Hauptmann indessen eine eigene Räuberschar rekrutiert hat. Beide tauschen sich über ihre Erfahrungen und Gewalttaten aus, als der von Moor angeführte »Räubertrupp« zu ihnen stößt. Sie kommen gerade von der Befreiungsaktion ihres Kameraden Roller zurück, der in einer in der Nähe gelegenen Stadt gefangen und vom Gericht zum Tode verurteilt worden war. Offenbar war das Unternehmen erfolgreich, da er mit zurückgekehrt ist und ansetzt, von seinen Erlebnissen zu erzählen. Als dramatischer Botenbericht in die Handlung eingeführt, erfährt das Publikum nun von ihm und Schweizer, wie sich die Rettung aus den Händen der »schändlich bigott[en]« Stadt (66,24) zugetragen hat. Schweizers Bericht ist größtenteils im Imperfekt formuliert, was die Abgeschlossenheit des Vorgegangenen signalisiert. Der parataktische Satzbau verleiht der Erzählung Dynamik. Allerdings wechselt der Bericht mit der Wiedergabe von Moors Anweisung, die Stadt anzuzünden, ins Präsens, so dass die Zuhörer den Eindruck gewinnen, die Tat noch einmal mit zu durchleben. Dieser Kunstgriff wird durch genaue Zeitangaben, gemischt mit Kraftausdrücken (»Mordbleu es war keine Viertelstunde vergangen«) noch verstärkt. Diverse Satzbrüche und Einschübe steigern die Spannung noch, zumal sie durch Übertreibungen die Fallhöhe und das Gewagte der Räuberaktion unterstreichen. Allerdings zeigen die Hyperbeln bereits die Fragwürdigkeit der Handlung und ihre Rechtfertigungsnotwendigkeit an.

In Rollers Figurenrede wird daher noch mehr auf die individuelle Gefühlslage des ehemals Gefangenen abgehoben, was sich durch die Aufforderung, sich das Erlebte vorzustellen, an Eindrücklichkeit gewinnt. Seine Todesangst und geradezu ausweglose Situation vor der Rettung wird zunächst durch syntaktische Unterbrechungen (Einschübe) deutlich, die den Moment vor der geplanten Hinrichtung (»den Strick um den Hals«) abbilden. Aber auch die Grauen erregende Atmosphäre weiß Roller plastisch zu beschreiben, wenn er mit gehäuften Reibungs- und Zischlauten onomatopoetisch das »Gekrächz hungriger Raben, die an meinem halbfaulen Antezessor zu dreißigen hingen« wiedergibt. Das Besondere der Situation wird in der Folge auch durch Wortneuschöpfungen (wie »sackermentalisch«) oder Euphemismen (die »Maschine, wo ich einlogiert werden sollte«) verdeutlicht. Zusammen mit der ironischen, bisweilen gar zynischen Haltung des Sprechers (die »Seligkeit, die mir blühete«), der das Erlebte im Nachhinein sprachlich zu relativieren versucht, wird ein weiteres Mal der Eindruck vermittelt, dass die Aktionen der Räuber zunehmend halsbrecherisch erfolgen und nicht nur über die gesellschaftlichen, sondern auch psychologischen Normen des Erträglichen hinausreichen. Dass Roller nicht von der Freiheit als solcher, sondern nur mehr ihrer »Losung« spricht, scheint insofern auf den zunehmend entleerten Inhalt des Moorischen Freiheitsideals hinzudeuten. Im Handlungszusammenhang mündet die Szene des Botenberichts insofern geradezu folgerichtig in den Kampf mit der Obrigkeit.

Lösungshinweise zu ARBEITSBLATT 9b (➤ S. 85 f.) **(Seite 1 von 2)**

Karls Ringen mit dem Selbstmord – Analyse der sprachlichen Mittel

(Reclam XL, 118,27–119,32)

[KARL MOOR] *(Er legt die Laute hin, geht tiefdenkend auf und nieder.)*

Wer mir Bürge wäre? – – Es ist alles so finster – verworrene	Ellipsen
Labyrinthe – kein Ausgang – kein leitendes Gestirn –	
Wenn's aus wäre mit diesem letzten Odemzug – Aus	
wie ein schales Marionettenspiel – Aber wofür der heiße	★ Selbstreferenz
Hunger nach Glückseligkeit? Wofür das Ideal	rhetorische Frage(n)
einer unerreichten Vollkommenheit? Das Hinaus-	
schieben unvollendeter Plane? – wenn der armselige	
Druck dieses armseligen Dings (*die Pistole vors Gesicht hal-*	
tend) den Weisen dem Toren – den Feigen dem Tapfern –	Anapher/Parallelismus
den Edlen dem Schelmen gleichmacht? – Es ist doch eine	Chiasmus
so göttliche Harmonie in der seelenlosen Natur, warum	
sollte dieser Missklang in der vernünftigen sein? – Nein!	Exclamatio
Nein! Es ist etwas mehr, denn ich bin noch nicht glücklich	
gewesen.	
Glaubt ihr, ich werde zittern? Geister meiner Erwürgten!	Anrufung/Pathos
ich werde nicht zittern! (*Heftig zitternd.*)	performativer Widerspruch
[…]	
(*Er setzt die Pistole an.*) Zeit und Ewigkeit – gekettet	
aneinander durch ein einzig Moment! – Grauser Schlüssel,	Metapher
der das Gefängnis des Lebens hinter mir schließt, und vor	
mir aufriegelt die Behausung der ewigen Nacht – sage mir	
– o sage mir – wohin – wohin wirst du mich führen? –	rhetorische Frage / Pathos
Fremdes, nie umsegeltes Land! – Siehe, die Menschheit er-	
schlappt unter diesem Bilde, die Spannkraft des Endli-	Parataxe
chen lässt nach, und die Phantasei, der mutwillige Affe der	
Sinne, gaukelt unserer Leichtgläubigkeit seltsame Schatten	
vor – Nein! Nein! Ein Mann muss nicht straucheln – Sei,	

wie du willt, namenloses Jenseits – bleibt mir nur	Emphase
dieses mein Selbst getreu – Sei wie du willt, wenn ich	Wiederholung
nur mich selbst mit hinübernehme. – Außendinge sind	
nur der Anstrich des Manns – Ich bin mein Himmel und	Paradoxon
meine Hölle.	

Muster für die Interpretation:

Karls Monolog am Ende des Vierten Akts schließt sich im Handlungskontext unmittelbar an sein Lautenspiel an, das vom historischen, von Brutus angeführten Mordkomplott gegen Cäsar handelte. In der Vorahnung des Wiedersehens mit seinem Vater erwog er im lyrischen Spiel einen Dialog zwischen dem Vorbild (Cäsar) und dem rächenden, ehemaligen Schützling Brutus und projizierte darauf die eigenen Ängste und Gewissenszweifel gegenüber seinem Vater. Nachdem er die Laute zur Seite gelegt hat, scheint er dermaßen niedergedrückt von der Reue über die verübten Taten, dass er seine Pistole zieht und an seine Schläfe setzt. Dennoch prägen sein Verhalten offensichtlich gegensätzliche Impulse, die sich in prägnanter Weise am Widerstreit zwischen dem eigenen Vorsatz (»ich werde nicht zittern!«) und der körperlichen Verfassung zeigt, welche von der dramaturgischen Regiebemerkung als »*Heftig zitternd*« angegeben wird. Zunächst jedoch entwickeln sich in Karls Monolog die Gedanken und der anfängliche Entschluss zum Selbstmord aus rhetorischen Fragen: Einerseits gelten diese seinen Spekulationen über die Reaktion des Vaters (»Wer mir Bürge wäre?«), auf die es noch keine sichere Antwort geben kann. Andererseits gelten sie dem früheren Streben nach dem »Ideal der Vollkommenheit« und den eigenen Plänen zur Selbstverwirklichung, die Karl nun als »unerreichbar« bzw. »unvollendet« bilanziert. Wiederholt sind seine Überlegungen durch Ellipsen und Assoziationen gekennzeichnet, die das stockende und mühsame innere Ringen um Fassung, um Bewertung der eigenen Taten und um eine Entscheidung sprachlich abbilden. Dass Karl Moor gleichsam Argumente für und wider seinen Selbstmord vorbringt, deutet jedoch immerhin an, dass es Hoffnung auf ein glückliches Ende geben kann. So relativiert er beispielsweise die eigene Schuld, indem er die Pistole als »gleichmachende« Todeswaffe reflektiert, die den Unterschied zwischen verschiedenen, an Tugend oder Untugend orientierten Lebensweisen – jenen des Weisen und des Tors, des Feigen und des Tapfern, des Edlen und Schelmen – verwischt und zu relativieren versucht. Damit scheint er die Angst vor einer jenseitigen Gerechtigkeit rhetorisch mindern zu wollen. Gleich im nächsten Satz wiederum erinnert Karl jedoch an die Vernunft und seine Möglichkeit zur Umkehr, um doch noch glücklich zu werden. Nachdem er philosophisch über das Menschsein und das »namenlose Jenseits« nachdrücklich reflektiert hat, zum Teil in Verwendung von Metaphern wie dem Tod als dem »Schloss« des Lebens, als »Behausung der ewigen Nacht« und dem »fremden, nie umsegelten Land«, gewinnt er schließlich das Bewusstsein über die eigene Individualität und Autonomie zurück. Dass er gewillt sei, das eigene »Selbst« mit hinüber in den Tod nehmen zu wollen, äußert er gleich zweimal. Die Aussage bleibt zwar im Vagen, vermittelt jedoch nachdrücklich den Eindruck, als habe Karl zu seinem Selbstvertrauen zurückgefunden, und zugleich die Einsicht in die eigene Verantwortlichkeit erlangt. Das abschließende Paradoxon, in dem er sich zugleich zu seinem »Himmel« und zur eigenen »Hölle« erklärt, unterstreicht noch einmal die Entscheidungsfreiheit, die sich der Protagonist selbst zumisst. Karl steht sowohl die mögliche Umkehr als auch die Katastrophe offen. Damit fungiert die Szene auch als der höchste Spannungsmoment der Retardation (kurz vor der Peripetie) der Handlung, die jeden Moment in eine »Lösung« – sei sie gut oder tragisch – umschlagen kann.

Lösungshinweise zu ARBEITSBLATT 10a (➤ S. 92)

Textquiz: Wie gut kennen Sie *Die Räuber*?

1. Den ersten Monolog im Drama spricht Karl Moor.	ja / **nein**	1. Akt; 1. Szene
2. Spiegelberg schlägt Karl vor, • nach Palästina zu gehen und »das Königreich wieder aufs Tapet« zu bringen • nach Paris und London zu gehen und von ihm zu lernen, wie man Handschriften fälscht und Schlösser aufbricht	 **ja** / nein **ja** / nein	 1. Akt; 2. Szene
3. Amalia liest dem Grafen eine Bibelstelle vor. Es handelt sich um • das Gleichnis vom verlorenen Sohn • die Geschichte von Jakob und Joseph	 ja / **nein** **ja** / nein	 2. Akt; 2. Szene
4. Karl hat seinem Vater einen Brief geschrieben.	**ja** / nein	1. Akt; 2. Szene
5. Franz Moor sinnt darauf, des Alten … • »Körper vom Geist aus zu verderben« • »Geist vom Körper aus zu verderben«	 **ja** / nein ja / **nein**	 2. Akt; 1. Szene
6. Der Diener Daniel wird von Franz dazu gebracht, Karls Tod vor dem Alten Graf Moor zu bezeugen.	ja / **nein**	2. Akt; 1. Szene (Dort ist es Hermann.)
7. Als sie von Franz bedrängt wird, antwortet Amalia auf seine Drohungen, sie zöge … • ihm das Kloster vor • es vor, eher seine Mätresse als seine Ehefrau zu werden	 **ja** / nein ja / **nein**	 3. Akt; 1. Szene
8. Karl und sein »Räubertrupp« haben ein Kloster geplündert und die Nonnen vergewaltigt.	ja / **nein**	2. Akt; 3. Szene (Es war Spiegelberg und seine Bande.)
9. Nach dem Gefecht mit der Obrigkeit bedauert Karl den Tod seines Kameraden Schweizer.	ja / **nein**	3. Akt; 2. Szene (Roller starb im Gefecht.)
* Zusatzfrage: Welche Dramenfiguren sterben im Verlauf der Handlung? Es sind mindestens sechs: Es sterben Roller, Spiegelberg, Franz Moor, Schweizer, der alte Moor und Amalia.		
10. Die Räuber lassen Karl nicht mit Amalia glücklich werden, weil er ihnen einen Eid geschworen hat.	**ja** / nein	5. Akt; 2. Szene